I0817263

Corazón muy valiente

365 devociones para niños

BroadStreet
ESPAÑOL

BroadStreet Español
Savage, Minnesota, E.U.A.
BroadStreet Español es una marca editorial de BroadStreet Publishing Group, LLC
BroadStreetPublishing.com

Corazón muy valiente

9781424571840 (piel símil)
9781424571857 (libro electrónico)

Devociones escritas por Sara Perry y Natasha Marcellus.

Diseño por Garborg Design Works | garborgdesign.com

Traducción, adaptación del diseño y corrección en español por LM Editorial Services | lmeditorial.com | lydia@lmeditorial.com con la colaboración de Will Rainier (tipografía)

Impreso en China / Printed in China

26 27 28 29 30 * 6 5 4 3 2 1

«Yo soy quien te manda
que tengas valor y firmeza.
No tengas miedo
ni te desanimes
porque yo, tu SEÑOR y Dios,
estaré contigo
dondequiera que vayas».

JOSUÉ 1:9 DHH

INTRODUCCIÓN

Puedes ser fuerte y valiente porque Dios creó al mundo entero, ¡y también te creó a ti! Cuando dediques tiempo a orar y leer la Biblia, aprenderás más sobre Dios y cuánto Él te ama.

Este libro de devocionales está escrito especialmente para chicos como tú. Te enseñará a confiar en Dios, a tomar buenas decisiones y a ayudar a los demás.

¡Fuiste creado para hacer algo especial! Con Dios de tu lado, puedes hacer lo que Él quiera. Él puede darte un corazón muy valiente. ¡Solo tienes que pedirlo!

Y ustedes pertenecen a Cristo,
y Cristo pertenece a Dios.

1 Corintios 3:23 NTV

Un nuevo comienzo

Por lo tanto, el que está unido a Cristo
es una nueva persona.
2 CORINTIOS 5:17 DHH

Manuel miró a su nueva hermanita. ¡Era tan linda! Sus deditos se aferraron al suyo, y su boca se abría y cerraba mientras lo miraba. Se preguntó cuándo empezaría a hablar y caminar.

Los bebés son un buen ejemplo de algo nuevo. Cuando invitas a Jesús a entrar en tu corazón, Él quita todo lo malo que has hecho y te hace nuevo como un bebé. Puedes empezar de nuevo con Jesús hoy.

Querido Jesús, creo en ti. Por favor, perdona mi pecado y hazme nuevo. Amén.

¿Le has dado tu corazón a Jesús?

Quédense quietos

«Quédense quietos,
reconozcan que yo soy Dios».
SALMOS 46:10 NVI

Cuando te sientes muy molesto, puede ser difícil elegir no gritar ni enojarte. En lugar de dejar que tus sentimientos estallen por tu boca, puedes alejarte o hablar con tus padres o un maestro.

Dios puede ayudarte. Cuando te alejas de una discusión, o si todo a tu alrededor se siente descontrolado, tú no estás solo. ¡Dios está contigo!

Querido Jesús, ayúdame cuando me sienta molesto. Tú eres más grande que mis problemas. Amén.

¿Cómo puedes estar tranquilo cuando te sientes molesto?

3 DE ENERO

Ora por ello

No se preocupen por nada,
más bien pídanle al SEÑOR lo que necesiten.

FILIPENSES 4:6 NTV

A Dios le importan las cosas que te importan a ti. Cuando alguien hiere tus sentimientos, a Él le importa. Cuando te emocionas, a Él le importa eso también.

Orar es tan simple como decirle a Dios lo que estás sintiendo y pensando. Es como hablar con tu mamá, con tu papá o con un amigo. ¡Puedes decirle cualquier cosa!

Querido Dios, te diré lo que estoy sintiendo y pensando porque tú me cuidas. Amén.

¿Qué quieres decirle a Dios hoy?

Dios es fuerte

Dios es capaz de cuidarnos
para que no caigamos.
JUDAS 1:24 NTV

Juan se tropezó con una grieta en el sendero. Su papá estiró el brazo y lo agarró antes de que se cayera. Igual que el papá de Juan, Dios está listo para agarrarte cuando te caes.

Todo el mundo comete errores. Dios puede ayudarte cuando lo hagas. Él se queda a tu lado, aunque vayas demasiado rápido o no tengas cuidado con lo que dices o haces. Dios es un buen padre.

Querido Dios, ayúdame a escoger las cosas correctas. Amén.

¿Con qué necesitas la ayuda de Dios?

Comparte con otros

No se olviden de hacer el bien a los demás
ni de compartir con otros lo que tienen,
porque esos son los sacrificios que agradan a Dios.

HEBREOS 13:16 NTV

Era el cumpleaños de Eli. Su mamá hizo un pastel, y Eli recibió regalos después de la cena. ¡Fue maravilloso! Eli tenía una idea de cómo hacerlo aún mejor. ¡Podía compartir su felicidad con sus amigos!

Así que Eli compartió su pastel con su vecino y se sintió muy bien cuando vio la sonrisa en su cara. Compartir puede hacer feliz a los demás, y puede hacerte feliz a ti también. A Dios le gusta cuando compartes.

Querido Jesús, muéstrame qué puedo compartir con los demás. Amén.

¿Qué puedes compartir con los demás hoy?

Buenos pensamientos

Piensen en cosas excelentes
y dignas de alabanza.

FILIPENSES 4:8 NTV

Tu mente no siempre querrá pensar en cosas buenas. Cuando estés enojado o tengas envidia o estés triste, tus sentimientos pueden tomar el control de tus pensamientos. No pasa nada si eso ocurre. Lo importante es no dejar que sigas así todo el día.

Piensa en aquello por lo que estás agradecido. Cuantas más cosas excelentes observes en tu vida, más fácil será pensar en lo bueno.

Querido Jesús, ayúdame a mantener mi mente enfocada en lo bueno. Amén.

¿Por qué estás agradecido ahora mismo?

7 DE ENERO

La paz de Jesús

Permitan que la paz de Cristo
controle siempre su manera de pensar.

COLOSENSES 3:15 NTV

La paz es algo maravilloso. Es tranquila como un lago que no tiene olas ni movimiento en el agua. Puedes sentir esa clase de paz en tu corazón cuando confías en Jesús.

En la Biblia, a Jesús se le llama Príncipe de paz. Él promete ayudar a todos los que le pidan ayuda. Si estás preocupado, puedes hablar con Jesús. Su paz es un lugar seguro.

Querido Jesús, por favor permite que sienta tu paz como un abrazo que rodee mi corazón. Amén.

¿Qué te hace sentir seguro y en paz?

Creado a imagen de Dios

...las personas, creadas a imagen de Dios.

SANTIAGO 3:9 NVI

Fuiste creado a imagen de Dios. Eso significa que fuiste creado para ser como Dios. Cada parte de ti es especial. Tu alegría, tu corazón bondadoso y tu amabilidad son solo algunas de las cosas que Dios puso en ti.

Lo mismo ocurre con las demás personas. Cada persona que ves fue creada por Dios igual que tú. Por muy diferente a ti que sea alguien, esa persona es creación de Dios.

Querido Dios, ayúdame a amar a las personas que son diferentes a mí. Amén.

¿Qué diferencias ves entre tus amigos y tú?

Orgulloso de ti

Nosotros somos obra de Dios,
creados en Jesucristo para realizar las buenas
obras que Dios ya planeó de antemano.

Efesios 2:10 NTV

Santiago tenía que hacer un proyecto para la escuela. Se esforzó mucho, y cuando le pusieron un sobresaliente, estaba muy orgulloso de sí mismo. Sus padres también lo estaban.

Tú eres creación de Dios, y Él está muy orgulloso de ti. Está contento con cómo te creó, y te ama mucho. Cuando sientas que no eres importante, recuerda que Dios te creó para un propósito especial.

Querido Dios, ayúdame a saber que estás orgulloso de mí. Amén.

¿Sabes que Dios está orgulloso de ti simplemente porque te creó?

Más para aprender

Qué preciosos son tus pensamientos acerca de mí, oh Dios. ¡No se pueden enumerar! Ni siquiera puedo contarlos; ¡suman más que los granos de la arena!

SALMOS 139:17-18 NTV

Roberto fue a la playa con su familia. Construyó castillos de arena y saltó en las olas. Le gustaba mucho cavar en la arena.

En el mundo hay tanta arena que no podrías contarla. Los pensamientos de Dios son como cada grano de arena. ¡Hay demasiados para poder contarlos! Siempre hay algo nuevo que aprender acerca de Dios.

Querido Jesús, quiero aprender más de ti cada día. Amén.

¿Puedes decir algo nuevo que hayas aprendido de Dios?

Pide ayuda

Él da fuerzas al cansado
y poder al indefenso.
ISAÍAS 40:29 NTV

Cuando estés cansado, es bueno pedir ayuda. Igual que tu familia te ayuda, a Dios le encanta ayudarte.

Dios creó el mundo entero y todo lo que hay en él, incluyéndote a ti. Él sabe lo que necesitas. No tienes que tener miedo de pedirle cualquier cosa. Él te dará fuerzas cuando estés cansado y poder cuando te sientas débil. ¡Solo pídeselo!

Querido Dios, por favor ayúdame cuando esté cansado. Dame fuerzas. Amén.

¿En qué le puedes pedir a Dios que te ayude?

El mejor maestro

No te creas más sabio que los demás;
respeta al SEÑOR y aléjate del mal.

PROVERBIOS 3:7 NTV

A veces, aunque intentes hacer algo de la manera correcta, podrías cometer errores. Es bueno admitir cuando haces algo mal. Nadie es perfecto excepto Dios.

Dios siempre sabe lo que es mejor. Pídele ayuda cuando cometas errores y pídele perdón cuando necesites hacerlo. A Dios le encanta ayudarte siempre que lo necesitas.

Querido Dios, gracias por mostrarme lo que es correcto. Amén.

¿Qué puedes hacer después de cometer un error?

Sé amable

¡Qué sabrosos son los chismes,
pero cuánto daño causan!
PROVERBIOS 18:8 TLA

Chismear es decir cosas malas de las personas cuando no están presentes. Puede ser cruel y hasta mentira. Si alguien dijera cosas malas de ti cuando tú no estás, ¿cómo te haría sentir?

Una parte importante de ser una buena persona es decir palabras amables. Las palabras pueden hacer que la gente se sienta bien o mal. Usa tus palabras para animar a otros. Cuando usas palabras amables, agradas a Dios.

Querido Dios, ayúdame a hablar bien de los demás, aunque no estén. Amén.

¿Qué deberías hacer si alguien te quiere contar un chisme?

Escoger a los amigos

El buen amigo da buenos consejos;
el malvado se pierde en su maldad.

PROVERBIOS 12:26 TLA

Una vez había una cabrita que perdió a su mamá. Se hizo amiga de un perro, y a medida que crecía, se comportaba más y más como un perro. Nunca aprendió a ser una cabra.

Te parecerás a las personas con las que pasas tiempo, así que es importante escoger muy bien a tus amigos. Pasa tiempo con personas buenas y amables que te ayuden a ser más como Dios.

Querido Dios, ayúdame a escoger bien a mis amigos. Amén.

¿Tienes amigos que toman buenas decisiones?

Perdona

El que perdona la ofensa cultiva el amor;
el que insiste en la ofensa divide a los amigos.

PROVERBIOS 17:9 NVI

Miguel y José tuvieron una gran pelea. José golpeó a Miguel, y Miguel le respondió a José con otro golpe. Su mamá los ayudó a calmarse y pedirse perdón el uno al otro. Los hermanos se perdonaron y siguieron jugando.

La Biblia dice que cuando amas a alguien, lo perdonas, y no tienes que seguir hablando de su error. Eso es lo que Dios hace. Cuando Dios te perdona, Él no se acuerda más de tu pecado.

Querido Jesús, ayúdame a perdonar a otros y no seguir hablando de sus errores. Amén.

¿Cómo te sientes cuando un amigo te perdona?

Padre y creador

«¿Y por qué preocuparse por la ropa?
Miren cómo crecen los lirios del campo.
No trabajan ni cosen su ropa».

MATEO 6:28 NTV

Tus padres te cuidan. Te dan lo que necesitas y también te dan cosas divertidas. ¿Te ha cocinado tu mamá alguna vez alguna comida especial? Tal vez tu papá te ayudó a construir un set de Lego. Ellos te aman y les encanta cuando disfrutas de lo que han hecho.

Dios hizo el mundo hermoso para que pudieras disfrutarlo. Todo lo que Él creó te recuerda que es un buen Padre al que le encanta hacer felices a sus hijos. Cuando veas cosas estupendas, ¡dale gracias a Dios por ellas!

Querido Dios, gracias por este mundo hermoso en el que vivo. Amén.

¿Qué cosas hermosas ves por tu ventana?

Dios te ve

Oh SEÑOR, has examinado mi corazón
y sabes todo acerca de mí.

SALMOS 139:1 NTV

Carlos se lo estaba pasando bien con sus amigos hasta que dijeron que era demasiado mandón. Él no quería ser mandón. Solo quería que todos jugaran juntos.

¿Alguna vez te has sentido herido cuando otros no entendieron lo que estabas haciendo? Dios ve tu corazón, aunque otros no lo vean. Él te conoce y te ama. Por muy solo que te sientas, Dios siempre está contigo.

Querido Jesús, me alegra que me conozcas mejor que nadie. Amén.

¿Hablas con Dios cuando te sientes solo?

Sin cansancio

Los que tienen su esperanza puesta en el SEÑOR renovarán sus fuerzas. Les crecerán alas como a las águilas; correrán sin fatigarse, caminarán sin cansarse.

ISAÍAS 40:31 NTV

Elías corría muy rápido. Corría al buzón para recoger las cartas de su mamá. Corría con sus amigos en la escuela. Elías también tenía momentos en los que se sentía cansado.

Dios dice que, cuando nuestra esperanza está en Él, es como correr sin jamás cansarse. Aunque tu cuerpo esté cansado, tu corazón puede seguir confiando en Dios.

Querido Jesús, no quiero cansarme de hacer lo correcto. Amén.

¿Qué es eso que nunca te cansas de hacer?

19 DE ENERO

Escucha y actúa

El que oye el mensaje de Dios sin obedecer lo que dice es como el que se mira en un espejo. Se mira en el espejo, se va y pronto olvida lo mal que se veía.

SANTIAGO 1:23-24 NTV

La mamá de Esteban le dijo que tomara su abrigo antes de salir de la casa, pero él corrió al auto sin él. Pronto tuvo frío. Sabía que debía haberle hecho caso a su mamá.

Si Esteban hubiera hecho lo que su mamá dijo, habría estado calentito. Es importante escuchar la voz de Dios también. Él siempre sabe lo que es mejor para ti.

Querido Dios, quiero hacer lo que tú digas. Amén.

¿Qué te ha pedido Dios que hagas últimamente?

Sé agradecido

...dando gracias a Dios Padre a través de Jesús.

COLOSENSES 3:17 NTV

Cuando decides hacer lo correcto, eso puede ser un regalo para Dios. La adoración es más que solo cantar canciones. Escuchar a tus padres y compartir con amigos son otras maneras de adorar a Dios.

El agradecimiento es una forma de adorar a Dios también. Si estás agradecido por lo que tienes, ¡díselo a Dios!

Querido Dios, ayúdame a ser agradecido y a compartir lo que tengo. Amén.

¿Cómo puedes mostrarle tu agradecimiento a Dios hoy?

Adorar con talentos

«El SEÑOR llenó a Bezalel del Espíritu de Dios, y le dio gran sabiduría, capacidad y destreza en toda clase de artes manuales y oficios».

ÉXODO 35:31 NTV

A Sami se le daba muy bien hacer reír a la gente. Le gustaba ser gracioso y contar chistes. ¿Podría el humor de Sami ser su manera de adorar a Dios?

Cuando usas los talentos que Dios te dio, lo estás adorando. Usar esas habilidades que Él te ha dado te dará alegría. Piensa en esas formas en las que puedes adorar a Dios.

Querido Dios, usaré aquello que se me da bien para adorarte hoy. Amén.

¿Qué se te da bien?

No tan pesado

Cristo nos dio libertad para que seamos libres.
Por lo tanto, manténganse ustedes firmes.

GÁLATAS 5:1 DHH

Jonatán fue a una caminata con su familia, y llevaba agua y aperitivos en su mochila. Cuando se quitó la mochila para hacer un descanso para comer, ¡no podía creer cuán ligero se sentía!

El perdón es como quitarse una mochila pesada de la espalda. Cuando Jesús te perdona, ya no necesitas cargar tus errores. Disfruta de la ligereza que sientes gracias a su perdón.

Querido Jesús, gracias por la ligereza que tengo porque tú te llevaste mi pecado. Amén.

¿Qué cosas pesadas puedes entregarle hoy a Dios?

23 DE ENERO

Dios está contigo

Pues el SEÑOR Dios de ustedes los ha bendecido en todo lo que han hecho.

DEUTERONOMIO 2:7 NTV

En el Antiguo Testamento, Dios le dijo a su pueblo que Él los llevaría a la Tierra Prometida. Antes de eso, habían vagado en el desierto durante cuarenta años. Dios hizo que cayera comida del cielo y que saliera agua de las piedras. Nunca tuvieron hambre o sed.

Dios siempre te dará a ti también lo que necesites. Él te cuida y te protege.

Querido Dios, gracias por cuidarme. Amén.

¿Crees que Dios está contigo?

Dios es bueno

Tú eres Dios perdonador,
misericordioso y compasivo,
lento para la ira y grande en amor.
NEHEMÍAS 9:17 NVI

¿Alguna vez has tenido miedo de Dios? Recuerda lo que dice la Biblia sobre quién es Dios. Él es bueno y está lleno de amor. No está enojado contigo y siempre te perdonará.

Da igual lo que hayas hecho, le puedes decir a Dios cualquier cosa. Él puede ayudarte a manejar tus mayores errores y darte paz. Es paciente y bondadoso.

Querido Jesús, gracias por ser bondadoso. Cuando tenga miedo, iré a ti. Amén.

¿A quién conoces que es bondadoso?

No más listas

El amor no lleva cuenta de las ofensas.

1 Corintios 13:5 NTV

Benito amaba a su hermana. Jugaban todos los días. Cuando se peleaban, hacían las paces y jugaban juntos de nuevo.

Dios es rápido para perdonar, y tú también deberías serlo. Dios no lleva una lista de todos tus errores, y tú también deberías deshacerte de la lista que tengas.

Querido Dios, ayúdame a perdonar a otros rápidamente. Amén.

¿Qué errores necesitas olvidar hoy?

Igual que Jesús

Vivan una vida llena de amor, siguiendo el ejemplo de Cristo. Él nos amó y se ofreció a sí mismo por nosotros.

EFESIOS 5:2 NTV

Jesús es el líder perfecto al que puedes seguir. Él siempre ayudó a otros antes de ayudarse a sí mismo. Se daba cuenta cuando alguien se sentía solo o desplazado. Hablaba con Dios y hablaba a otros acerca de Dios.

Hay muchas maneras en las que puedes amar como Jesús ama. Busca niños y niñas en la escuela, en tu vecindario o en la iglesia que necesiten un amigo.

Querido Jesús, enséñame a amar a las personas como tú las amas. Amén.

¿Para quién puedes ser hoy un buen amigo?

Sacrificio

Puesto que Dios nos ha mostrado tanta misericordia, les ruego que entreguen todo su ser como sacrificio vivo a Dios.

ROMANOS 12:1 NTV

Sacrificio significa dar algo que es importante para ti. ¿Qué pasaría si le dieras lo que más te gusta de tu almuerzo a alguien que no tenía mucho para comer?

Jesús no necesita que compartas tu almuerzo con Él. Quiere que compartas tu vida. Dale gracias por las cosas buenas que Él te ha dado y compártelas con los demás.

Querido Jesús, ayúdame a poder servirte, amando a las personas que tengo cerca. Amén.

¿Qué puedes entregarle hoy a Dios?

La bondad de Dios

Quedaré muy satisfecho, como el que disfruta
de un banquete delicioso, y mis labios
te alabarán con alegría.

SALMOS 63:5 DHH

Javier tenía tantas ganas de que llegara su cumpleaños que hizo una cuenta atrás en el calendario. Le encantaba recibir regalos, comer comida especial, y pasar tiempo con su familia y sus amigos. En su cumpleaños se sentía feliz y especial.

¿Alguna vez te has sentido triste cuando un día emocionante se termina? La bondad de Dios dura para siempre. Él puede ayudarte a encontrar cosas buenas incluso en días normales.

Querido Dios, gracias por mostrarme amor todos los días. Amén.

¿Qué te encanta de tu vida?

Ser un amigo fiel

El amigo siempre es amigo,
y en los tiempos difíciles es más que un hermano.

PROVERBIOS 17:17 TLA

¿Qué significa ser fiel? Significa que te quedas al lado de alguien pase lo que pase. No los abandonarás cuando otros lo hagan. Un amigo fiel es un buen amigo.

Una forma en la que puedes ser un amigo fiel es decirles a otros que no digan cosas malas de tus amigos. Un amigo fiel dice la verdad y anima a otros a usar palabras de ánimo.

Querido Jesús, ¡gracias por ser el amigo más fiel! Amén.

¿Cómo puedes ser un amigo que anima a otros hoy?

Dios siempre ayuda

Si a alguno de ustedes le falta sabiduría,
pídasela a Dios, y él se la dará.
Dios es generoso y nos da todo con agrado.

SANTIAGO 1:5 NTV

Hay momentos en los que no sabes lo que debes hacer. Incluso los adultos no conocen todas las respuestas. La Biblia dice que puedes preguntarle a Dios cuando no estés seguro de qué hacer.

Nunca deberías avergonzarte por no saber la respuesta de algo. Tu Padre celestial siempre tiene las respuestas. Él lo sabe todo, ¡así que pregúntale!

Querido Dios, cuando no sepa lo que debo hacer, por favor ayúdame. Amén.

¿Has probado en pedirle a Dios cuando necesitas ayuda?

Lo que no puedes ver

Pues vivimos por lo que creemos
y no por lo que vemos.
2 CORINTIOS 5:7 NTV

Fe significa creer en algo que no puedes ver. No puedes ver a Jesús. No lo viste morir en la cruz con tus propios ojos, pero aun así crees que sucedió.

Solo porque no puedas ver algo no significa que no existe. No puedes ver el viento, pero lo puedes sentir. No puedes ver el calor del sol, pero puedes sentirlo en tu cara. La fe es igual.

Querido Jesús, creo en ti, aunque no pueda verte. Gracias por tu amor. Amén.

¿Qué no puedes ver, pero sabes que es real?

Febrero

Pero nosotros no somos capaces de hacer algo por nosotros mismos; es Dios quien nos da la capacidad de hacerlo.

2 Corintios 3:5 TLA

Siempre cerca

El SEÑOR está cerca
de todos los que lo buscan;
de los que lo buscan sinceramente.
SALMOS 145:18 NTV

A veces, las personas no cumplen sus promesas. ¿Alguna vez te has sentido decepcionado? Quizás tu papá prometió llevarte a pescar y no funcionó. O quizás no conseguiste lo que querías para tu cumpleaños.

Dios cumple todas sus promesas. Él nunca se olvida. Siempre cumple lo que dice que hará. Es imposible que se olvide de ti. Él está cerca cuando lo necesitas.

Querido Dios, gracias porque nunca rompes tus promesas. Amén.

¿Hay alguna promesa que puedas cumplir hoy?

Dios es primero

[Daniel] se arrodilló para orar y dar gracias a Dios,
tal como siempre lo hacía tres veces al día.

DANIEL 6:10 NTV

Para Daniel era peligroso orar a Dios. En esa época no estaba permitido orar o adorar a nadie que no fuera el rey de esa tierra. Daniel fue valiente y decidió seguir orando a Dios, aunque fuera castigado por ello.

Por eso, Daniel fue lanzado al foso de los leones como castigo, pero Dios lo protegió. Dios hizo un milagro y mantuvo cerradas las bocas de los leones. Si Dios pudo proteger a Daniel de los leones, entonces Él puede protegerte a ti también.

Querido Dios, quiero confiar en ti como lo hizo Daniel. Amén.

¿Qué cosa valiente has hecho?

3 DE FEBRERO

Un corazón alegre

La alegría es como una buena medicina,
pero el desánimo es como una enfermedad.

PROVERBIOS 17:22 NTV

Es difícil estar rodeado de gente gruñona. Su mala actitud puede hacerte sentir triste o confundido. Es fácil estar cerca de alguien alegre. Su alegría contagia y alegra a todos los que le rodean.

Si hoy no sientes alegría, pídele a Dios que te ayude. Él quiere que tu corazón se sienta tranquilo y feliz. Cuando seas feliz, ¡contágialo a los demás!

Querido Dios, ayúdame a compartir mi corazón alegre con otros. Amén.

¿Cómo puedes compartir tu alegría?

Solo la verdad

Ahora bien, como Dios no miente,
su promesa y su juramento no pueden cambiar.

HEBREOS 6:18 TLA

Una mentira es algo que no es verdad. ¿Alguna vez has mentido? A veces, las personas mienten y causan grandes problemas. Es imposible que Dios mienta. Todo lo que dice es verdad.

Si Dios no puede mentir, significa que puedes creer todo lo que dice. Cuando dice que te ama, lo dice en serio. Cuando dice que te cuidará, lo hará.

Querido Dios, tú siempre dices la verdad. Ayúdame a seguir aprendiendo de ti. Amén.

¿Cómo te hace sentir saber que Dios no puede mentir?

La mejor manera de vivir

¡Oh, cuánto amo tus enseñanzas!
Pienso en ellas todo el día.

SALMOS 119:97 NTV

¿Recuerdas la primera vez que jugaste tu videojuego favorito? Al terminar, ¿pensaste en cuánto te había gustado? ¡Quizás incluso lo hayas pensado todo el día!

Si amas algo, piensas mucho en ello. Así mismo, puedes sentirte con la Palabra de Dios.

Querido Dios, gracias por la Biblia. Me ayuda a descubrir la verdad sobre quién eres.

¿Hay algún versículo bíblico que sea tu preferido?

La bendición de Dios

«El SEÑOR te bendiga y te guarde;
...el SEÑOR mueva su rostro hacia ti
y te conceda la paz».

NÚMEROS 6:24, 26 NVI

¿Conoces a alguien que te haga sentir seguro? Estar cerca de esa persona podría hacerte sentir feliz o amado. Dios te ama aún más que esa persona. Estar cerca de Él es el mejor lugar donde puedes estar.

Recuerda que nunca estás solo. Dios está de tu lado y siempre sabe qué es lo mejor para ti. Deja que su amor te envuelva hoy como un cálido abrazo.

Querido Dios, gracias por cómo me amas. Amén.

¿Cómo cuida Dios de ti y de tu familia?

Con palabras amables

La respuesta amable calma la ira,
pero la agresiva provoca el enojo.
PROVERBIOS 15:1 NVI

Braulio y su hermano estaban en medio de una gran pelea. Ambos gritaban palabras groceras con voz enojada. Las palabras crueles pueden avivar una pelea, como echar más leña al fuego.

Lo mismo ocurre con las palabras amables. Imagina echarle agua al fuego. Esa agua es como una palabra amable. La amabilidad puede ayudar a disipar la ira. Las palabras amables pueden hacer las paces.

Querido Dios, quiero ayudar a las personas a calmarse. Por favor, enséñame cómo hacerlo. Amén.

¿Qué te ayuda a calmarte cuando estás enojado?

Mamás y papás

Honra a tu padre y a tu madre, como el SEÑOR tu Dios te lo ha ordenado, para que disfrutes de una larga vida y te vaya bien en la tierra que te da el SEÑOR tu Dios.

DEUTERONOMIO 5:16 NVI

Cuando honras a alguien, significa que lo respetas. Cuando honras a tus padres, honras a Dios.

Hay muchas maneras de honrar a tus padres. Escúchalos cuando te pidan que hagas algo. Sigue sus reglas sin tener una mala actitud. Agradéceles por todo lo que han hecho por ti.

Querido Dios, ayúdame a honrar a mis padres con lo que hago y cómo hablo. Amén.

¿Cómo puedes honrar hoy a tus padres?

Eres amado

«Yo seré su Padre,
y ustedes serán mis hijos e hijas».
2 CORINTIOS 6:18 NTV

¿A veces tu papá te dice qué hacer? Se supone que debes escucharlo y seguir sus reglas. ¡Pero eso no es todo lo que hace tu papá! También te abraza, te enseña, te hace reír, juega contigo y te ayuda cuando lo necesitas.

Dios es igual. ¡Él es un rey poderoso y creó el universo entero! También es un Padre bondadoso. Él te ama mucho.

Querido Dios, gracias por hacerme tu hijo. Amén.

¿Qué hacen los padres buenos por sus hijos?

Es mejor decir la verdad

Las palabras veraces soportan la prueba del tiempo,
pero las mentiras pronto se descubren.

PROVERBIOS 12:19 TLA

José tomó la muñeca de su hermana y la rompió. Después, pensó en cómo se sentiría ella. Realmente deseó no haber roto su muñeca. En lugar de decir la verdad, mintió y dijo que no sabía qué le había pasado.

A veces, las personas toman malas decisiones. Está mal mentir, incluso si tienes miedo de meterte en problemas. Las mentiras pueden hacerte sentir mal. Sé valiente y di la verdad, y te sentirás libre.

Querido Dios, necesito ayuda para ser honesto. Dame la valentía para decir siempre la verdad. Amén.

¿Cómo puedes ser valiente y decir la verdad hoy?

Todos tienen una tarea

«Al que cuida bien lo que vale poco,
también se le puede confiar lo que vale mucho».
LUCAS 16:10 TLA

La tarea principal de Leo era mantener su habitación limpia, y lo hacía bastante bien. Un día, su mamá le pidió que la ayudara con la cena. Leo estaba emocionado porque parecía divertido. Su mamá le había pedido ayuda, porque sabía que él podía con el trabajo extra.

A medida que creces, te confían más tareas. Cuanto mayor te haces, más responsabilidad tienes. Es bueno hacer bien las pequeñas tareas; así algún día podrás encargarte de otras más.

Querido Dios, ayúdame a hacer las cosas que me piden mis padres. Amén.

¿Qué tareas haces en tu casa?

Sin preocupaciones

«Por mucho que uno se preocupe, ¿cómo podrá prolongar su vida ni siquiera una hora?».

MATEO 6:27 DHH

Rafa tenía un examen importante el lunes. No podía dejar de pensar en cómo le iría. ¿Le iría bien? Se pasó todo el fin de semana preocupado. No podía dejar de pensar en lo que pasaría en la escuela.

Dios no quiere que te preocupes. En cambio, quiere que pidas ayuda. Él puede quitarte las preocupaciones y darte paz.

Querido Jesús, cuando esté preocupado, por favor recuérdame entregarte mis miedos. Amén.

¿Qué puedes hacer cuando te sientes preocupado?

13 DE FEBRERO

El templo de Dios

¿Acaso no saben ustedes que son templo de Dios,
y que el Espíritu de Dios vive en ustedes?

1 CORINTIOS 3:16 DHH

Un templo es un lugar especial donde la gente va a adorar a Dios. En el Antiguo Testamento había muchas normas sobre lo que la gente podía y no podía hacer. Había que adorar a Dios de una forma concreta. Ahora es diferente, gracias a lo que Jesús hizo en la cruz.

Cuando le pides a Jesús que entre en tu corazón, tu cuerpo se convierte en el templo de Dios. Su Espíritu Santo vive dentro de ti. Eso significa que puedes adorar a Dios estés donde estés.

Querido Jesús, gracias por abrir un camino para que pueda estar cerca de ti todo el tiempo. Amén.

¿Qué tan cerca sientes a Dios?

El amor no es envidioso

El amor no es envidioso.
No es presumido ni orgulloso.
1 Corintios 13:4 NTV

Los celos son cuando quieres algo que no te pertenece. Quizás tu amigo tiene un juguete que te encanta, o quizás tu hermano recibió un balón de baloncesto por su cumpleaños, aunque siempre lo hayas querido.

La Biblia enseña que el amor no es celoso. Cuando amas a alguien, te alegrarás de que tenga algo tan maravilloso.

Querido Dios, ayúdame a ser agradecido con lo que tengo y a no ser envidioso. Amén.

¿Qué tienes de lo que estás agradecido?

El amor es perfecto

El amor no tiene fin.

1 CORINTIOS 13:8 NTV

La abuela de Isaías le traía rosquillas caseras cuando venía de visita. ¡Eran su postre favorito! Deseaba poder comerlas todos los días, pero sabía que no durarían para siempre. Todo lo bueno en la tierra tiene su fin.

Lo único que nunca termina es el amor de Dios. Perdurará para siempre y es mejor que cualquier otra cosa. Nunca tienes que preocuparte porque el amor de Dios se agote.

Querido Dios, gracias por amarme todo el tiempo. Amén.

¿Cómo el amor de Dios te hace sentir?

La compasión es importante

«Sean compasivos,
así como su Padre es compasivo».
LUCAS 6:36 NVI

Imagina que tu hermano te rompió la bicicleta y, en lugar de gritarle, le diste un fuerte abrazo y le dijiste que no pasaba nada. Fuiste amable en lugar de haberte sentido enojado. Eso es lo que significa mostrar misericordia.

A Dios le encanta mostrar misericordia. Es amable incluso cuando no lo mereces. Incluso cuando cometes errores, Dios te sigue amando.

Querido Dios, gracias por ser compasivo conmigo. Amén.

¿Con quién necesitas ser compasivo?

El fruto del Espíritu

El fruto del Espíritu es amor, alegría, paz, paciencia, amabilidad, bondad, fidelidad, humildad y dominio propio.

GÁLATAS 5:22-23 NVI

¿Has jugado alguna vez algo como "Sigue al líder"? Observas atentamente a la persona que va al frente y haces todo lo que ella hace. Si mueve el brazo izquierdo, tú mueves el tuyo. Si salta, tú saltas. Seguir a Jesús es así.

Tener el fruto del Espíritu es una gran manera de demostrar qué tipo de persona eres cuando sigues el ejemplo de Jesús. No estarás enojado, ni serás malo, cruel, grosero ni temeroso. Al contrario, amarás a los demás y estarás lleno de alegría.

Dios, quiero seguirte a ti para ser paciente, amable y pacífico. Amén.

¿De cuál fruto del Espíritu te gustaría tener más?

Vacía tu cubo

«No se preocupen por el mañana, porque el día de mañana traerá sus propias preocupaciones».

MATEO 6:34 NTV

Imagina que llenas un cubo con una manguera. Si la dejas abierta, el agua se desbordará por el borde del cubo una vez esté lleno. Preocuparse por el mañana es como tener un cubo lleno y tratar de llenarlo de agua. Toda esa agua sobrante se desperdicia.

No tiene sentido preocuparse por el mañana, porque ya tienes suficiente que hacer hoy. Cada día está completo.

Dios, ayúdame a no preocuparme por el día de mañana. Enséñame a detenerme cuando mi cubo esté lleno. Amén.

¿Cuán lleno está tu cubo hoy?

La bandera de Jesús

«Hagan brillar su luz delante de todos, para que ellos puedan ver las buenas obras de ustedes y alaben a su Padre que está en los cielos».

MATEO 5:16 NVI

Hace mucho tiempo, cuando alguien descubría una tierra nueva, colocaba su bandera en ella para mostrar a los demás que la tierra había sido tomada. Tus acciones son como esa bandera. Cuando alguien ve cómo te comportas, debe saber que perteneces a Jesús.

Tu forma de actuar puede mostrar a los demás cómo es Jesús. Cuando hablas con amabilidad y piensas en cómo se siente otra persona, eso demuestra el amor de Dios.

Jesús, quiero que los demás sepan lo bueno que eres. Ayúdame a mostrar tu amor. Amén.

¿Qué dicen tus actos acerca de Dios?

Ser humilde

Humíllense, pues, bajo la poderosa mano de Dios para que él los exalte a su debido tiempo.

1 Pedro 5:6 NVI

Humildad es solo una palabra importante que significa que sabes que no siempre tienes la razón. Ni siquiera los adultos tienen todas las respuestas. El único que lo sabe todo es Dios.

Cuando confías en Dios, sabes que Él sabe más que tú. Cuando te sientas estancado o confundido, siempre puedes pedirle ayuda a Dios.

Querido Dios, ayúdame a ser humilde y acudir a ti en busca de ayuda. Amén.

¿Qué lecciones has aprendido de tus errores?

Dios de milagros

De un salto se puso en pie
y comenzó a caminar.
HECHOS 3:8 NVI

El hombre de este versículo no podía caminar. No podía correr, saltar ni jugar. Siempre que necesitaba ir a algún sitio, alguien tenía que cargarlo.

Pedro oró por él en el nombre de Jesús, ¡y fue sanado! Se levantó y alabó a Dios de inmediato. A Dios le encanta sanar a sus hijos. Tú también puedes orar por sus milagros.

Querido Dios, gracias por hacer milagros. Ayúdame a creer que tú sigues haciéndolos. Amén.

¿Qué milagro puedes pedirle hoy a Dios?

Te haces más fuerte

…la perseverancia, entereza de carácter;
la entereza de carácter, esperanza.

ROMANOS 5:4 NVI

Cada día enfrentarás nuevos desafíos. Quizás estés aprendiendo algo nuevo en la escuela, quizás te cueste llevarte bien con tu hermana. Quizás perdiste tu libro favorito o te tropezaste y te lastimaste la rodilla.

Las dificultades pueden hacerte más fuerte. Cada problema que enfrentas puede enseñarte algo. Si se lo permites a Dios, Él te hará más fuerte a través de cada problema.

Querido Dios, confío en que tú me enseñarás y me harás más fuerte en medio de mis problemas. Amén.

Cuando lleguen los problemas, ¿a quién puedes acudir en busca de ayuda?

Una mano que ayuda

¡Bendito seas siempre, nuestro Dios!
Tú, Dios y salvador nuestro,
nos ayudas en nuestros problemas.
SALMOS 68:19 TLA

Cuando oras, ¿qué pides? ¿Pides ayuda con tus problemas o que Dios arregle algo que está mal? ¿Sabías que Él está obrando en tu vida, incluso cuando no se lo pides?

Dios siempre está ayudándote. Hace latir tu corazón y permite que brille el sol. Siempre te observa, te protege y te cuida.

Querido Dios, ayúdame a confiar en ti cuando estoy en problemas. Amén.

¿Cómo te ha ayudado Dios hoy?

24 DE FEBRERO

Ser valiente

Dios no nos ha dado un espíritu de temor,
sino un espíritu de poder, de amor y de buen juicio.
2 TIMOTEO 1:7-8 DHH

Jaime estaba viendo una película cuando de repente, sucedió algo que lo asustó. Cerró sus ojos y se acurrucó cerca de su mamá. Se sentía seguro cuando estaba cerca de ella. Cuando tienes miedo, ¿corres a donde están los más grandes y más valientes que tú?

Dios está contigo todo el tiempo, y Él puede darte valentía cuando tienes miedo. Puedes pedirle ayuda porque Él es más grande y más valiente que tú.

Querido Dios, cuando tenga miedo, correré a ti. Amén.

¿Qué puedes hacer cuando tengas miedo?

Toda tu fuerza

Ama al SEÑOR tu Dios con todo tu corazón,
con toda tu alma y con todas tus fuerzas.

DEUTERONOMIO 6:5 NVI

¿Tienes un juguete favorito? Imagina que solo pudieras tener la mitad. Si le faltaran varias piezas, no sería lo mismo, ¿verdad? Lo amas tanto que quieres tenerlo completo.

Dios te pide que lo ames con todo tu ser. Él no quiere solo una pequeña parte de ti. Te ama tanto que te quiere completo.

Dios, gracias por amar todo de mí.
Quiero amarte con todo mi corazón.
Amén.

¿Cómo puedes amar a Dios con todo tu ser?

Decisiones correctas

La gracia de Dios… nos instruye a…
vivir con sabiduría, justicia y devoción a Dios.
TITO 2:11-12 NTV

Danny estaba en casa de su amigo Joel. Pusieron una película que a Danny no le permitían ver. En lugar de quedarse callado, Danny habló y le dijo a su amigo que no podía ver esa película.

Dios te dará la fuerza para hacer lo correcto, incluso cuando sea difícil. Él sabe qué es lo mejor para ti, y su gracia te ayudará a tomar las decisiones correctas.

Querido Dios, ayúdame a hacer lo correcto aun cuando sea difícil. Amén.

¿En qué momento Dios te ha ayudado a tomar la decisión correcta?

Una ayuda constante

«Yo les dije esto para que encuentren paz en mí. En el mundo ustedes tendrán que sufrir, pero, ¡sean valientes! Yo he vencido al mundo».

JUAN 16:33 NTV

Alex miró fijamente su examen de matemáticas. Se sintió frustrado por no saber la respuesta de inmediato. Al pensar un poco más sobre el problema, recordó lo que debía hacer para resolverlo. El problema no desapareció, pero su frustración se eliminó cuando se dio cuenta de que podía hacerlo.

Dios no te quita todos los problemas. En cambio, te promete que no estarás solo. Él siempre está ahí para darte lo que necesitas.

Dios, enséñame a acudir a ti cuando tengo un problema. Amén.

¿Con qué problema necesitas ayuda?

Con tu corazón

«Este pueblo me honra con la boca,
pero su corazón está lejos de mí».

Marcos 7:6 DHH

¿Alguna vez te has peleado con tu hermano o hermana? Alguien sale herido y la otra persona grita rápidamente: «¡Lo siento!». ¿Te parece una disculpa real? Las palabras no parecen corresponder a tus sentimientos.

Esto puede suceder en tu relación con Dios. Puede ser bueno decir lo correcto, pero es más importante que tu corazón esté cerca de Dios. Si tus palabras no concuerdan con tus sentimientos, pídele a Dios que te ayude.

Jesús, ayúdame a honrarte con todo lo que tengo. Amén.

¿Cómo puedes mantener tu corazón cerca de Dios?

Con su poder divino, Jesús nos da todo lo que necesitamos para dedicar nuestra vida a Dios.

2 PEDRO 1:3 NTV

Tu guía

El SEÑOR afirma los pasos del hombre
cuando le agrada su modo de vivir.

SALMOS 37:23 NVI

Imagina adentrarte en un gran bosque. Si no tienes guía, podrías perderte fácilmente entre los altos árboles. Necesitas a alguien que haya estado allí antes, que te indique qué camino tomar.

Ser cristiano es así. Cuando confías en Dios, Él te muestra a dónde ir. Él es el mejor guía que puedes tener. Él te mostrará adónde ir y de qué debes alejarte. Él sabe cuál es la mejor manera de vivir.

Querido Dios, por favor guíame. Quiero seguirte. Amén.

¿Qué significa seguir a Dios?

2 DE MARZO

Tómate tu tiempo

«Si me buscan de todo corazón,
podrán encontrarme».
JEREMÍAS 29:13 NTV

A Nico le encantaba ir a la playa con su familia. Su parte favorita era buscar conchas. A veces elegía un lugar y excavaba, con la esperanza de encontrar un tesoro para llevarse a casa.

Nico, a menudo, encontraba algo especial porque buscaba con paciencia. Eso significa que se tomaba su tiempo y no se rendía. Pasar tiempo con Dios es lo mismo. Si eres paciente y prestas atención, lo encontrarás.

Jesús, gracias por no ser difícil de encontrar. Enséñame a buscarte. Amén.

¿Cómo pasas tiempo con Dios?

Comida deliciosa

Quedaré muy satisfecho, como el que disfruta
de un banquete delicioso, y mis labios
te alabarán con alegría.

SALMOS 63:5 DHH

Imagina ver todas tus comidas favoritas en una mesa. Puedes disfrutar cuanto quieras y, cuando terminas de comer, te sientes feliz. Estás contento. Esto significa que no hay nada más que puedas desear.

El amor de Dios es como un gran festín con todas tus cosas favoritas. Su amor puede llenar tu corazón y hacerte sentir feliz. Cuando conoces el amor de Dios, no hay nada más que puedas desear.

Dios, gracias por todo lo que haces por mí. Amén.

¿Por qué puedes agradecer a Dios hoy?

Dios está cerca

¿A dónde podría alejarme de tu Espíritu?
¿A dónde podría huir de tu presencia?

SALMOS 139:7 NVI

¿Sabías que Dios siempre está cerca de ti? Él no está lejos. Siempre está contigo. Esto es algo que lo hace grande: le encanta estar con sus hijos.

Nada de lo que hagas puede alejarte del Espíritu Santo. Él siempre está dispuesto a ayudarte y fortalecerte. Nunca estás solo.

Espíritu Santo, gracias por estar conmigo siempre. Amén.

¿Cómo te sientes cuando sabes que Dios está cerca de ti?

Líderes

Háganles caso a sus líderes y respeten su autoridad, porque ellos son responsables de ustedes.

HEBREOS 13:17 NTV

Tus padres, maestros y otros adultos son líderes. Ellos están ahí para ayudarte. Cuando respetas a tus líderes, estás obedeciendo a Dios.

Hay muchas maneras en las que puedes mostrar respeto. Puedes obedecer con buena actitud. Puedes tratar a quienes te rodean con amabilidad. Puedes ayudar cuando ves que hay algo que debe hacerse.

Dios, ayúdame a respetar a mis líderes con mis palabras y acciones. Amén.

¿Cómo puedes respetar a tus líderes hoy?

Conoce a Dios

¡Dios es inmensamente rico!
¡Su inteligencia y su conocimiento
son tan grandes que no se pueden medir!
ROMANOS 11:33 TLA

Cuanto más tiempo pases con alguien, más conocerás su manera de ser. Puedes leer acerca de Dios en la Biblia o hablar con Él por medio de la oración.

Nunca te aburrirás de aprender y conocer más de Dios. Siempre hay algo nuevo que Él quiere hablarte o mostrarte.

Querido Dios, muéstrame algo nuevo de ti hoy. Amén.

¿Cómo puedes conocer a Dios?

Creación hermosa

La hormiga no tiene quién la mande, ni jefe ni líder.
Sin embargo, durante el verano reúne todo su alimento;
guarda su comida en la cosecha.

PROVERBIOS 6:7-8 NTV

Las hormigas son tan pequeñas que quizás ni siquiera las notes. No parecen muy importantes, pero puedes aprender cosas importantes de ellas. Pueden enseñarte sobre el trabajo duro y cómo planificar el futuro.

La naturaleza está llena de lecciones que vienen directamente de Dios. Él te dio muchas maneras de aprender quién es y cómo vivir. Sé como una hormiga y trabaja duro en todo lo que tengas que hacer.

Querido Dios, gracias por crear este mundo tan hermoso. Amén.

¿Qué ves en el mundo que te recuerda a Dios?

Consuela a otros

Dios es nuestro Padre misericordioso
y la fuente de todo consuelo.
2 CORINTIOS 1:3 NTV

Javi estaba jugando con sus amigos durante el recreo de la escuela. De repente, se cayó y mientras estaba sentado con la rodilla sangrando, el juego continuó. Sin darse cuenta, su amigo Mario estaba a su lado. Se sentó y se quedó con él hasta que estuvo listo para levantarse.

Mario consoló a Javi quedándose con él. Dios también es muy bueno en esto. Cuando estés triste, Él estará contigo.

Querido Dios, gracias por consolarme cuando estoy triste. Amén.

¿Qué te hace sentir mejor cuando estás molesto?

El mejor consolador

El SEÑOR ha consolado a su pueblo,
ha tenido compasión de él en su aflicción.

ISAÍAS 49:13 DHH

David tuvo un mal día en la escuela. Olvidó su almuerzo en el autobús, se metió en problemas por hablar en clase y luego tuvo que llevar a casa muchas tareas para hacer. Al llegar a casa, corrió directo donde su papá. Lo abrazó y hablaron de su mal día.

Un buen papá está ahí cuando estás triste. Dios es el mejor papá. Le encanta ayudarte cuando estás triste.

Querido Dios, gracias por cuidarme, especialmente cuando estoy triste. Amén.

¿Qué te hace sentir mejor cuando estás triste?

Escuchar y hacer

Así pasa con la fe: por sí sola, es decir,
si no se demuestra con hechos, es una cosa muerta.

SANTIAGO 2:15-17 DHH

Frank estaba construyendo Legos en su habitación. Su mamá pasó y le dijo que la cena estaba lista. Él dijo: «Está bien, mamá». Pero siguió jugando con sus Legos.

Aunque le respondió, en realidad no escuchó.

Escuchar significa hacer lo que te dicen. Las palabras por sí solas no significan mucho. Tus acciones deben estar a la altura de tus palabras.

Querido Jesús, ayúdame a amar con mis acciones y palabras. Amén.

¿Cómo puedes hacer que tus palabras importen?

Mejor que el dinero

Elige una buena reputación sobre las muchas riquezas;
ser tenido en gran estima es mejor que la plata o el oro.
PROVERBIOS 22:1 NTV

Todo el mundo en la escuela conocía a Yan. Ayudaba a los demás, y era sincero, amable y un buen amigo. Yan tenía una buena reputación. Tener una buena reputación significa que la gente te conoce por hacer cosas buenas. La Biblia dice que eso es mejor que tener mucho dinero.

La manera en que tratas a la gente es más importante que cualquier cosa que el dinero pueda comprar. Si sigues a Jesús, Él te enseñará cómo tener una buena reputación.

Querido Dios, ayúdame a que pueda tener una buena reputación. Amén.

¿Qué puedes hacer para tener una buena reputación?

Tesoro de bondad

¡Nunca permitas que la lealtad ni la bondad te abandonen!
Átalas alrededor de tu cuello como un recordatorio.
Escríbelas en lo profundo de tu corazón.

PROVERBIOS 3:3 NTV

Durante sus vacaciones, a Aarón le permitieron elegir una sola cosa de la tienda de regalos. Escogió un collar de diente de tiburón auténtico. Le encantaba su nuevo y brillante tesoro. Tenerlo colgado del cuello le recordaba lo bien que lo había pasado en la playa. Pensaba en ello constantemente.

Dios dice que debemos mantener la bondad con nosotros, como un collar.

Querido Dios, ayúdame a elegir la bondad como mi tesoro. Amén.

¿Qué tesoro quieres más?

Sigue a Jesús

Que hagas lo que es correcto,
que ames la compasión
y que camines humildemente con tu Dios.

MIQUEAS 6:8 NTV

A Josué le encantaba construir con bloques. Estaba construyendo un auto nuevo y estaba deseando terminarlo. Siguió las instrucciones cuidadosamente y colocó cada pieza en su lugar.

Seguir a Jesús es como construir con bloques. No necesitas saber cómo hacerlo todo tú mismo. Puedes seguir sus instrucciones una a la vez.

Jesús, gracias por enseñarme a vivir para ti. Amén.

¿Cómo puedes seguir las instrucciones de Dios hoy?

14 DE MARZO

Cuando tengas miedo

Cuando siento miedo,
pongo en ti mi confianza.

SALMOS 56:3 NVI

Tomás le tenía miedo a la oscuridad. Una noche, al despertar, su lamparita no estaba encendida. Intentó volver a dormir, pero le costaba mucho. Decidió orar. Mientras oraba, recordó lo grande que es Dios y cómo Dios prometió protegerlo.

Cuando tengas miedo, órale a Dios. No tienes que hacerte el valiente. Pídele ayuda a Dios. A Él le encanta consolarte.

Querido Dios, enséñame a orar cuando tenga miedo. Amén.

¿Le oras a Dios cuando tienes miedo?

Amarse como familia

Ámense como hermanos los unos a los otros,
dándose preferencia y respetándose mutuamente.
ROMANOS 12:10 DHH

Cuando sigues a Jesús, tu familia es más que solo las personas que viven en tu casa. Dios te pide que ames a todos los que te rodean como si fueran tus hermanos. Incluso cuando es difícil, tú puedes ser amable.

Hay muchas maneras de ser amable con los demás. Puedes compartir tus cosas, decir palabras bonitas y prestar atención cuando alguien necesita algo.

Querido Dios, ayúdame a pensar primero en los demás, incluso cuando es difícil para mí. Amén.

¿Qué puedes hacer para mostrar amor a quienes te rodean?

Cuéntale a alguien

Siempre se recordará tu asombroso poder;
yo les contaré de tu grandeza.

SALMOS 145:6 NTV

Hiram fue de excursión al zoológico. Su parte favorita fue ver el espectáculo de los delfines. Los delfines saltaron del agua e hicieron piruetas con el entrenador. Les contó a todos cuán maravillosos eran los delfines.

Cuando Dios hace algo asombroso, ¡cuéntaselo a alguien! Comparte con tus amigos cuánto te ama Dios.

Querido Dios, gracias por las cosas maravillosas que haces. Amén.

¿Qué es algo grandioso sobre Dios que puedes compartir?

Fuerza suficiente

«Vuelvan, quédense tranquilos y estarán a salvo. En la tranquilidad y la confianza estará su fuerza».

ISAÍAS 30:15 DHH

Leví intentó llevar su pesada mochila al auto. Apenas podía levantarla. Le pidió ayuda a su papá porque sabía que era fuerte.

Lo mismo ocurre con Dios. Puedes pedirle ayuda porque Él es fuerte. No tienes que preocuparte de que Dios no pueda. Puedes confiar en que Él siempre es lo suficientemente grande para ayudarte.

Querido Dios, gracias por ser tan fuerte. Amén.

¿En qué necesitas la ayuda de Dios hoy?

18 DE MARZO

Siempre cerca

Si fuera al oriente donde nace el sol, allí estarías;
o al occidente, al fin de los mares, allí estarías.

SALMOS 139:9-10 NTV

¿Podrías olvidarte alguna vez de tu familia? ¿Qué pasaría si se fueran de viaje o viajaran lejos? ¿Dejarías de conocerlos? ¡No! Pase lo que pase, siempre sabrás quiénes son. No importa adónde vayan.

Lo mismo sucede con Dios. Él te ve todo el tiempo. No importa adónde vayas ni qué hagas, Él jamás podría olvidarte.

Querido Dios, gracias por estar siempre conmigo. Amén.

¿Qué te recuerda que Dios está cerca?

Jesús, el mensajero

Dios me eligió y me envió para dar buenas noticias a los pobres, para consolar a los afligidos.

ISAÍAS 61:1 TLA

Alfonso acababa de salir de su habitación cuando su mamá le dijo que ese día irían al parque acuático. ¡Fue una sorpresa! Bajó corriendo las escaleras, buscando a sus hermanos por todas partes. «¡Chicos! ¡Vamos al parque acuático!».

¿Alguna vez has sido tú el que comparte noticias emocionantes? Es divertido contarles algo nuevo a todos. Esto es exactamente lo que hace Jesús. Él cuenta todas las cosas maravillosas de Dios.

Querido Dios, ¡gracias por enviar a Jesús para contarme todo sobre ti! Amén.

¿Con quién puedes compartir la buena noticia hoy?

Todas las cosas buenas

Todo lo que es bueno y perfecto es un regalo
que desciende a nosotros de parte de Dios.

SANTIAGO 1:17 NTV

Haz una lista de todo lo que es bueno y perfecto en tu vida. Piensa en aquello que te hace feliz. Tal vez sea tu casa, tus amigos, jugar en la calle, comer pizza, ¡o cualquier otra cosa!

Todo lo bueno que hay en tu vida es un regalo de Dios. Piensa en los buenos momentos de tu día antes de ir a dormir esta noche y dale gracias a Dios por ellos.

Querido Dios, gracias por las cosas buenas que hay en mi vida. Amén.

¿Qué cosas buenas te ha dado Dios?

Estar en paz es lo mejor

¡Vean qué bueno y agradable
es que los hermanos vivan unidos!

SALMOS 133:1 DHH

¿Alguna vez te has peleado con un amigo? Quizás gritaste, dijiste palabras groseras o incluso intentaste lastimarlo. Al terminar la pelea, probablemente no te sentiste muy bien. Siempre es mejor ser amable.

Dios siempre sabe qué es lo mejor para ti. Él sabe que es mejor vivir en paz que pelear. Él sabe que te sientes mejor cuando eres amable.

Querido Dios, ayúdame a vivir en paz con aquellos que me rodean. Amén.

¿Cómo puedes trabajar con los demás sin pelearte?

Nada es imposible

«Para Dios no hay nada imposible».

LUCAS 1:37 DHH

Tito no quería ir a la escuela. Quería quedarse en sus pijamas. Cuando su mamá pasó por su habitación, vio su cara triste y oró con él. Juntos le pidieron a Dios que lo ayudara a superar el día.

¡Dios lo puede todo! Se preocupa por cada momento de tu día, incluso si parece algo pequeño. Solo necesitas pedirle ayuda.

Querido Dios, estoy muy contento porque tú haces que las cosas difíciles sean más fáciles. Amén.

¿En qué le puedes pedir ayuda a Dios hoy?

Confiar en Dios

SEÑOR, los que te conocen, confían en ti,
pues nunca abandonas a quienes te buscan.

SALMOS 9:10 DHH

Abel se sentó junto a un chico durante el almuerzo. No se conocían, y Abel comenzó a hacerle preguntas sobre su vida. Al final del almuerzo, Abel sintió que serían buenos amigos.

Cuando conoces a alguien nuevo, lleva tiempo conocerlo. A medida que conoces más sobre él, te sentirás más cómodo. Lo mismo ocurre con Dios. Cuanto más conoces de Él, más confiarás en Él.

Querido Dios, ayúdame a conocer cómo eres de verdad. Amén.

¿De qué manera puedes conocer a Dios?

Lleno de esperanza

Que Dios, que da esperanza, los llene de alegría
y paz a ustedes que tienen fe en él.

ROMANOS 15:13 DHH

Benito se despertó temprano el día de su cumpleaños. ¡Estaba tan emocionado! Al pensar en todas las cosas especiales que tenía planeadas, se llenó de esperanza. Sabía que se avecinaban cosas buenas.

A Dios le encanta dar esperanza a sus hijos. Tú puedes estar lleno de esperanza, porque sabes que Él tiene cosas buenas planeadas para ti. ¡Esto significa que puedes estar entusiasmado con el futuro!

Querido Dios, gracias por darme esperanza. Confío en que tú sabes lo mejor para mí. Amén.

¿En qué está puesta tu esperanza hoy?

Buenos días

SEÑOR, escucha mi voz por la mañana;
cada mañana llevo a ti mis peticiones
y quedo a la espera.

SALMOS 5:3 NTV

Cuando despiertas en la mañana, ¿tu mamá o tu papá te dicen: «Buenos días»? ¿Y si hicieras eso con Dios? Él quiere ser parte de tu día.

Dios está contigo cuando tus padres no pueden estar. Él puede ayudarte. Puedes contarle lo que te hace feliz y lo que te pone triste.

Querido Dios, me alegro de poder hablar contigo en cualquier momento. Ayúdame a recordar eso. Amén.

¿En qué momento hablas con Dios?

26 DE MARZO

Necesitamos descanso

«Tienen seis días en la semana para hacer su trabajo habitual, pero el séptimo día será un día de descanso absoluto, un día santo, dedicado al SEÑOR».

ÉXODO 31:15 NTV

El sábado era el día favorito de la semana de Tomás. Era el día en el que toda la familia se juntaba y nadie tenía que trabajar. Pasaban tiempo juntos divirtiéndose, hablando y descansando luego de una semana ajetreada.

Dios te creó para descansar. No se supone que trabajes todo el tiempo. Incluso Dios descansó después de crear el mundo. Él también quiere que tomes descansos.

Querido Dios, ayúdame a tomarme un descanso cuando lo necesite. Amén.

¿Disfrutas de tu momento de descanso?

No hace falta mentir

Él da sabiduría a la gente que es justa con los demás,
y protege a los que viven honestamente.
PROVERBIOS 2:7 NTV

Jorge estaba jugando con el teléfono de su mamá cuando se le cayó. El cristal se rompió y él se asustó. Lo puso sobre la mesa y se fue a su cuarto. Cuando su mamá le preguntó a Jorge qué había pasado con el teléfono, él mintió. Se sintió muy mal.

Dios no quiere que mientas. Él dice la verdad y quiere que tú también lo hagas. Cuando cometas un error, puedes acudir a Dios. Pídele que te enseñe a ser honesto.

Querido Dios, quiero decir la verdad, aunque sea difícil. Perdóname por mentir. Amén.

¿Necesitas pedir perdón por haber dicho una mentira?

El reflejo de Dios

Dios creó al ser humano a su imagen.

GÉNESIS 1:27 NVI

Cuando te miras al espejo, ves un reflejo de ti mismo. Se parece a ti y se mueve como tú. Dios creó a las personas para que sean un reflejo de quién es Él. Quiere que te veas y actúes como Él.

Cuanto más tiempo pases con Dios, más te parecerás a Él. Dios es bondadoso, así que aprenderás a serlo. Dios es paciente, así que aprenderás a serlo. A medida que crezcas, serás un buen reflejo de Dios.

Querido Jesús, ayúdame a ser más como tú. Quiero ser un reflejo de tu amor. Amén.

¿Tratas a los demás como Jesús lo haría?

Una obra de arte

¡Te alabo porque soy una creación admirable!
¡Tus obras son maravillosas y esto lo sé muy bien!
SALMOS 139:14 NVI

Tu cuerpo es maravilloso. Puedes respirar, moverte, hablar y pensar. Eres único y no hay nadie como tú. Dios te creó tal como eres, y piensa que eres maravilloso.

Dios sabe cuántos cabellos hay en tu cabeza. Él sabe lo que te gusta y lo que no te gusta. Sabe todo de ti y te ama porque eres su hijo.

Querido Dios, gracias por hacerme especial y por amarme tanto. Amén.

¿Qué te hace especial?

El mejor papá

El SEÑOR es tan bueno con los que lo respetan como un padre con sus hijos.

SALMOS 103:13 NTV

Piensa en un momento en el que te sentiste muy, muy amado. ¿Qué estabas haciendo? ¿Con quién estabas? Tal vez estabas en algún lugar muy hermoso con tu familia.

Los padres buenos aman a sus hijos y los cuidan. Dios es el mejor padre de todos. Él te ama pase lo que pase. Él sabe todo de ti y quiere darte buenos regalos. Es paciente cuando cometes errores. Y le encanta pasar tiempo contigo.

Querido Dios, gracias por ser el mejor papá. Amén.

¿Qué es algo que te encanta de tu papá?

La paz verdadera

Tú les das paz a los que se mantienen pensando en ti, porque en ti han puesto su confianza.

ISAÍAS 26:3 NTV

La abuela de Carmelo estaba enferma. En la escuela, él estaba triste. Sus amigos lo notaban. Su maestra también. No podía dejar de pensar en su abuela. Se sentía muy triste.

¿Alguna vez has tenido un día muy triste? Cuando estás triste, Dios puede darte paz. Él se preocupa por tu gran tristeza y por tu pequeña tristeza. No hay nada demasiado difícil para Dios.

Querido Dios, por favor dame paz cuando me sienta triste. Amén.

¿Qué te hace sentir en paz?

Cuando al SEÑOR le agrada
nuestra vida, nos guía
para que no caigamos.

SALMOS 37:23 NTV

Siempre presente

Dios es nuestro refugio y nuestra fuerza;
siempre está dispuesto a ayudar en tiempos de dificultad.
SALMOS 46:1 NTV

Un trueno resonó fuera de la ventana de Caleb. Llovía con fuerza y el cielo se iluminó con relámpagos. A Caleb no le gustaban las tormentas. Corrió a la habitación de sus padres, donde sabía que se sentiría seguro.

Cuando Caleb tenía miedo, sabía exactamente adónde ir. Dios es tu refugio. Él siempre te ayudará cuando tengas problemas. Puedes acudir a Él cuando quieras.

Querido Dios, gracias por estar ahí siempre que te necesito. Amén.

¿Cómo te ayudó Dios cuando tuviste miedo?

2 DE ABRIL

Habla con Dios

No se preocupen por nada; en cambio, oren por todo. Díganle a Dios lo que necesitan y denle gracias.

FILIPENSES 4:6 NTV

Brandon amaba a su hermano mayor. Le contaba todo. Compartían historias de su día y se contaban todos sus sueños. Todo lo compartían el uno con el otro. Eso los unió más.

¿Sabías que puedes hablar con Dios de la misma manera? Puedes contarle todo, lo que sea. Él ya sabe lo que hay en tu corazón.

Querido Jesús, me alegra mucho poder hablar contigo. Amén.

¿Qué puedes compartirle a Dios hoy?

Mostrar odio

El odio crea discusiones;
el amor perdona todos los errores.
PROVERBIOS 10:12 NTV

Dante y su vecino no se llevaban bien. A veces, el vecino decía cosas desagradables cuando Dante pasaba. No le gustaba ese chico. Cada vez que pensaba en él, sentía ira.

Cuando dejas que la ira viva en tu corazón, no hay espacio para el amor. En cambio, pídele a Dios que te ayude a perdonar. Dios es lo suficientemente fuerte como para sanar tu dolor si se lo permites.

Querido Dios, ayúdame a perdonar a las personas que me hacen daño, para mantener mi corazón libre de odio. Amén.

¿Hay alguien a quien necesitas perdonar?

Leer la Biblia

Tu promesa es más dulce a mi paladar
que la miel a mi boca.
SALMOS 119:103 DHH

¿Te parece la Biblia muy grande y aburrida? Quizás creas que nunca la leerás completa. La buena noticia es que puedes pasar toda tu vida aprendiendo de la Palabra de Dios.

La Biblia no es solo un libro de muchas historias juntas. La Biblia es la historia de Dios, de principio a fin. Cada palabra proviene de Él. Cuando la leas y hagas lo que ella dice, te acercarás más a Dios.

Querido Dios, gracias por la Biblia.
Ayúdame a verla como un gran regalo.
Amén.

¿En qué momento del día lees tu Biblia?

Milagro primaveral

«Yo sé que están buscando a Jesús, el que murió
en la cruz. No está aquí; ha resucitado,
tal y como lo había dicho».

MATEO 28:5-6 TLA

La Pascua es un tiempo para celebrar la vida nueva. Las flores brotan y nacen los animalitos. También es el día para recordar que Jesús resucitó de los muertos.

Jesús murió en la cruz para quitar tu pecado. Gracias a Jesús, puedes estar cerca de Dios y tener vida nueva cada día. Puede ser primavera en tu corazón todo el tiempo.

Querido Jesús, gracias por dar tu vida para que yo tenga vida nueva. Amén.

¿Cómo celebras la vida nueva?

6 DE ABRIL

Dios te ve

«Tú eres el Dios que me ve».

GÉNESIS 16:13 NTV

¿Alguna vez te has sentido triste, asustado, enojado o molesto? Quizás sientas que tus sentimientos son demasiado fuertes para manejarlos. Pase lo que pase, Dios está ahí. No estás solo.

Dios siempre está contigo. Él te ve en todo momento. Él te conoce mejor que nadie. Él puede tomar tus sentimientos fuertes y darles un sentido perfecto.

Querido Dios, gracias por verme. Creo que nunca estoy solo. Amén.

¿Cómo te hace sentir saber que Dios te cuida?

Cometer errores

Reflexionemos seriamente en nuestra conducta,
y volvamos nuevamente al SEÑOR.
LAMENTACIONES 3:40 DHH

Randy le gritó a su hermana durante el desayuno. No hizo sus tareas matutinas y estuvo de mal humor con su mamá durante el camino a la escuela. Randy tenía que tomar una decisión. Podía seguir cometiendo errores o pedir ayuda y cambiar su día.

Todos cometemos errores. Lo más importante es que cuando haces algo mal, vas a Dios. Acércate a Dios y Él te envolverá en su amor.

Querido Dios, gracias por ser tan bueno conmigo. Amén.

¿Qué haces cuando cometes algún error?

Esperar

Estamos esperando lo que aún no podemos ver
y lo esperamos con paciencia.
ROMANOS 8:25 NTV

Esperar con paciencia es difícil. Cuando sabes que algo bueno se avecina, como un cumpleaños o unas vacaciones, deseas que suceda de inmediato.

La Biblia promete que Jesús regresará. Él arreglará todo. Es difícil esperar algo tan bueno. Pero pensar en lo que viene puede ayudarte a mantenerte fuerte.

Querido Jesús, me alegro de que regreses otra vez. Ayúdame a esperar con paciencia. Amén.

¿Qué te ayuda a tener paciencia mientras esperas?

Crecer en Dios

«Yo soy la vid y ustedes las ramas. El que permanece en mí, y yo en él, producirá mucho fruto, pues separados de mí, ustedes no pueden hacer nada».

JUAN 15:5 NTV

Las ramas no pueden crecer solas. Deben permanecer unidas al árbol. Una rama de manzano no puede dar fruto después de ser cortada. Solo una rama conectada al árbol puede dar hojas, flores o frutos.

Dios dice que eres como una rama. Cuando estás conectado a Dios, tú creces. Lo necesitas. Sin Él, no puedes dar buen fruto.

Querido Dios, enséñame cómo estar cerca de ti. Amén.

¿Cómo puedes mantenerte conectado a Dios?

Amor tan grande

Pero Dios, que es rico en misericordia, por su gran amor por nosotros, nos dio vida con Cristo, aun cuando estábamos muertos en pecados.

EFESIOS 2:4-5 NVI

Piensa en el sol. Incluso cuando las nubes te estorban, el sol sigue ahí. Nunca se va ni cambia. El amor de Dios es así.

El amor de Dios siempre está ahí. Está ahí cuando tomas buenas decisiones y está ahí cuando cometes errores. No puedes hacer nada para cambiar el amor de Dios.

Querido Dios, ayúdame a recordar que tu amor nunca cambia. Amén.

¿Cómo te hace sentir el amor de Dios?

Todo lo que necesitas

De sus riquezas maravillosas mi Dios les dará,
por medio de Jesucristo, todo lo que les haga falta.
FILIPENSES 4:19 TLA

¿Tienes mascotas que cuidas? Debes asegurarte de que tengan comida y agua, que hagan el ejercicio necesario y que el veterinario las revise cada año. Las cuidas bien porque las amas.

Si puedes cuidar una mascota, imagina lo bien que Dios te cuida a ti. Dios sabe lo que tú necesitas, incluso antes de que se lo digas.

Querido Dios, gracias por cuidarme tan bien. Amén.

¿Qué necesitas de Dios hoy?

No se enoja fácil

El SEÑOR es bueno y compasivo,
no se enoja con facilidad y rebosa de fiel amor.

SALMOS 145:8 NTV

Brandon sabía que no podía usar las herramientas de su padre. Al intentar abrir la caja de herramientas, se resbaló y todo se derramó. Al oír el fuerte ruido, su padre salió al garaje. Brandon esperó a que gritara. En cambio, se acercó y lo ayudó a recoger las herramientas.

El padre de Brandon mostró compasión. Podría haberse enojado con Brandon, pero en cambio fue amable. El amor de Dios es así. Él siempre tiene compasión.

Querido Dios, gracias por tu compasión. Amén.

¿Cómo te ha ayudado Dios a arreglar un error?

Después de la pelea

«Deja ahí tu ofrenda y ve a hacer las paces con esa persona. Luego regresa para dar tu ofrenda a Dios».

MATEO 5:24 NTV

Chucho y Luis se pelearon mucho. Chucho quería construir Legos después de la escuela, y Luis quería jugar afuera. Se dijeron cosas feas porque estaban enojados.

Más tarde, Chucho le contó a su mamá sobre la pelea. Ahora estaba triste. Deseaba haber jugado afuera con su amigo y no haber dicho cosas feas. Cuando vio a Luis al día siguiente, se disculpó. Luis también se disculpó. Ambos se sintieron mejor.

Querido Dios, gracias por enseñarme a pedir perdón. Amén.

¿Necesitas pedirle perdón a alguien?

Grandes cosas

Pues todo lo puedo hacer por medio de Cristo,
quien me da las fuerzas.

FILIPENSES 4:13 NTV

En la Biblia, puedes leer sobre cómo Dios hizo cosas asombrosas. Mantuvo a Daniel a salvo en el foso de los leones. Le enseñó a Noé a construir un arca. Abrió el mar en dos para Moisés. Jesús devolvió la vista a los ciegos. Sanó a los enfermos. ¡Incluso resucitó a personas!

¡Dios puede hacer grandes cosas! Es un hacedor de milagros. También puede ayudarte a lograr grandes cosas. Dios puede darte la fuerza para afrontar lo que sea.

Querido Dios, sé que puedes hacer cualquier cosa. Gracias por ayudarme a hacer cosas grandes. Amén.

¿Qué cosas grandes has hecho?

Sé una luz

«Ustedes son la luz del mundo. Una ciudad
en lo alto de una montaña no puede esconderse».

MATEO 5:14 NVI

¿Has visto alguna vez cómo una vela ilumina una habitación oscura? Es solo una llama, pero su luz brilla en la oscuridad. Una pequeña luz puede marcar una gran diferencia.

Tú puedes ser una luz para Jesús en un mundo oscuro. Sonríe y usa palabras amables. Haz que la alegría brille en el corazón de alguna persona. Comparte la bondad que Jesús puso en tu corazón.

Querido Dios, ayúdame a brillar con tu amor. Amén.

¿Sabías que ser amable es ser como Jesús?

16 DE ABRIL

Más grande que el miedo

El SEÑOR es mi luz y mi salvación,
¿de quién podré tener miedo?

SALMOS 27:1 DHH

Julio caminaba por su patio trasero de noche. Se sentía un poco tonto, pero le tenía miedo a la oscuridad. Antes de que pudiera decir nada, su padre le tomó la mano y la apretó fuerte mientras caminaban. Siempre hacía que Julio se sintiera seguro.

Dios trata tu miedo de la misma manera. Él nunca piensa que eres tonto cuando tienes miedo. Él quiere ayudarte. ¡Él es más grande que todos tus miedos!

Querido Dios, gracias por salvarme cuando tengo miedo. Amén.

¿Qué te ayuda cuando tienes miedo?

La obra de Dios

Que todo lo que soy alabe al SEÑOR;
que nunca olvide todas las cosas buenas que hace por mí.
SALMOS 103:2 NTV

¿Alguna vez has estado buscando un auto rojo y de repente los ves por todas partes? Parece que todos los autos en la carretera son rojos. ¿Cómo sucede eso? Te das cuenta de lo que estás buscando.

Lo mismo ocurre con lo que Dios ha hecho por ti. Si prestas atención, verás todas las cosas buenas que Él ha hecho por ti.

Querido Dios, ayúdame a ver lo que haces por mí. Amén.

¿De qué manera Dios está obrando en ti?

18 DE ABRIL

El gran Yo soy

«Dile esto al pueblo de Israel:
"Yo soy me mandó a ustedes"».
ÉXODO 3:14 NTV

¿Tienes un superhéroe favorito? Cuando escuchas su nombre, probablemente piensas en todas sus habilidades y poderes especiales. Dios también tiene nombres especiales, al igual que un superhéroe.

«YO SOY» es un nombre especial para Dios. Cuando Moisés escuchó ese nombre, supo que significaba que Dios estaba vivo y que era fuerte. Sabía que, al compartir ese nombre especial, todos también sabrían lo que significaba.

Querido Dios, tú eres más grande que todos mis problemas. Gracias. Amén.

¿Crees que Dios es más grande que cualquier otra cosa?

Dios sabe todo

La serpiente era más astuta que todos los animales del campo que Dios el SEÑOR había hecho.

GÉNESIS 3:1 NVI

La mamá de Emanuel le pidió que sacara una herramienta del garaje. Su hermano le dijo que estaban en el armario. En lugar de hacerle caso a su mamá, revisó el armario primero. No estaban. Para cuando regresó, su mamá ya había traído las herramientas. Emanuel debería haber escuchado lo que le dijo desde el principio.

Escucha a Dios de la misma manera. Él nunca te guiará por el mal camino. Si le pides ayuda, siempre te indicará el camino a seguir.

Querido Dios, ayúdame a escucharte a ti primero. Amén.

¿Qué es lo que Dios te está diciendo?

Dios cumple sus promesas

El SEÑOR siempre cumple sus promesas;
es bondadoso en todo lo que hace.

SALMOS 145:13 NTV

¿Alguna vez has hecho una promesa que no pudiste cumplir? «¡Prometo que mantendré mi habitación limpia!». «¡Prometo que no la romperé; déjame usar tu juguete!».

Las promesas son muy serias y deben cumplirse. Dios cumple sus promesas a la perfección. Puedes confiar en que Él hará lo que dice.

Querido Dios, gracias por cumplir tus promesas siempre. Amén.

¿Qué significa cumplir una promesa?

Eres importante para Dios

«¡Dios sabe hasta cuántos cabellos
tienen ustedes en la cabeza!
Por eso, no tengan miedo».
MATEO 10:30-31 TLA

¿Alguna vez has intentado contar los cabellos de tu cabeza? Son demasiados para contarlos, pero Dios lo sabe. Piensa en todo lo demás que Él sabe sobre ti.

Si Dios se interesa por las partes más pequeñas de ti, imagínate cuánto más por las cosas grandes. Él te conoce mejor que nadie. Eres muy importante para Él.

Querido Dios, ayúdame a recordar que soy muy importante para ti. Amén.

¿Quién te hace sentir importante?

22 DE ABRIL

Comparte tu fe

«Si ante la gente alguien está dispuesto a decir que cree en mí, yo también lo reconoceré ante mi Padre que está en el cielo».

MATEO 10:32 NTV

A Carlos le encantaba su tren. Dedicó tiempo a armarlo y hacerlo funcionar. Estaba orgulloso de él. Se lo contó a todos sus conocidos. Todos sus amigos y familiares sabían cuánto lo amaba.

De la misma manera, Dios quiere que compartas su amor con los demás. Es una muy buena noticia y vale la pena compartirla. ¡No te la guardes para ti!

Querido Jesús, dame valentía para hablarles a otros de ti. Amén.

¿Hay alguna persona a la que puedas contarle sobre Jesús?

Entrégale a Dios tus preocupaciones

«No se preocupen por lo que
han de comer para vivir».

LUCAS 12:22 DHH

Jacob no se sentía bien. Le dolía la garganta y tenía fiebre. Pasó el día viendo películas y comiendo paletas heladas. Jacob no pensaba cuándo debía tomar su medicina, porque sabía que su mamá se encargaba de ello.

Cuando tienes una buena mamá y un buen papá, no te preocupas por cada pequeña cosa que necesitas. Sabes que tus padres te cuidarán. Lo mismo ocurre con Dios. No tienes que preocuparte, porque Él tiene todo bajo control.

Querido Dios, gracias por cuidar de mí. Amén.

¿Qué preocupación puedes entregarle hoy a Dios?

Listo para ayudar

Nuestra ayuda viene del SEÑOR,
quien hizo el cielo y la tierra.
SALMOS 124:8 NTV

Cuando el coche a control remoto de Brandon se averió, él y su padre sacaron el manual de instrucciones. Revisaron la lista de piezas e intentaron resolver el problema.

Pedirle ayuda a Dios es como sacar el manual de instrucciones. Si Dios es lo suficientemente grande como para crear el universo entero, es lo suficientemente grande como para ayudarte con lo que necesitas.

Querido Dios, me alegra mucho que puedas ayudarme con mis problemas. Amén.

¿En qué necesitas pedir la ayuda de Dios hoy?

Muestra tu amor

Debemos amarnos unos a otros,
porque el amor viene de Dios.
1 Juan 4:7 DHH

Cuando a tu hermana se le pincha la bici, puedes ayudarla a inflarla. Cuando tu papá limpia la cocina, puedes ayudar a lavar los platos. Cuando tu amigo se atasca con un problema de matemáticas, puedes ayudarle si sabes la solución. Todas estas cosas son maneras de amar a quienes te rodean.

Jesús ayuda a los demás antes de hacer cosas por sí mismo, y quiere que tú hagas lo mismo.

Querido Jesús, enséñame a amar a los demás como tú lo haces. Amén.

¿Quién necesita tu ayuda hoy?

26 DE ABRIL

Amar a Dios

«…cuando hicieron alguna de estas cosas al más insignificante de estos, mis hermanos, ¡me lo hicieron a mí!».

MATEO 25:40 NTV

Cuando ayudas a tu hermano a limpiar su habitación, amas a Dios. Cuando le dices algo amable a tu amigo, amas a Dios. Cuando eres amable con tu maestro, amas a Dios.

La forma en que tratas a quienes te rodean demuestra cuánto amas a Dios. Amas a Dios amando a los demás.

Querido Dios, quiero amarte de la manera en que amo a los demás. Amén.

¿Cómo puedes amar a quienes te rodean?

27 DE ABRIL

No lo escondas

Si confesamos nuestros pecados, Dios,
que es fiel y justo, nos los perdonará.

1 JUAN 1:9 NVI

Hace unas semanas, Nolan comió unos dulces de su hermano. En ese momento los disfrutó, pero no podía dejar de pensar en ello. Ese mal presentimiento le pesaba como una piedra en el estómago. Sabía que tenía que contárselo a su hermano.

Cuando uno hace algo mal, puede ser difícil de olvidar. Cargas con ese mal presentimiento y se vuelve cada vez más pesado. Dios no quiere que te sientas así. Cuando cometes errores, lo mejor es hablar de ellos de inmediato.

Querido Dios, ayúdame a acudir a ti cuando cometo errores. Amén.

¿Hay algo que necesitas confesarle hoy a Dios?

Buenas instrucciones

Toda la Escritura es un mensaje enviado
por Dios, y es útil para enseñar...
y mostrar a la gente cómo vivir de la
manera que Dios manda.
2 TIMOTEO 3:16 NTV

¿Alguna vez has intentado armar un rompecabezas sin saber cómo debería ser? Puede que te falten algunas piezas o te sientas confundido sobre lo que estás haciendo. Sería mucho más fácil si supieras lo que vas a hacer.

Así es la Biblia. Es la imagen completa de todo lo que Dios ha hecho y hará. ¡Sería una tontería no usar algo tan bueno y útil!

Querido Dios, gracias por tu Palabra. Enséñame mientras la leo. Amén.

¿Qué te ha enseñado la Biblia?

Gracia de Dios

En su gracia, Dios gratuitamente nos hace justos a sus ojos por medio de Cristo Jesús, quien nos liberó del castigo de nuestros pecados.

ROMANOS 3:24 NTV

Simón se levantó apresuradamente y tiró un vaso de jugo de la mesa. Cayó al suelo y dejó un desastre pegajoso. Su madre sonrió y dijo: «No te preocupes, los accidentes pasan». Luego lo ayudó a limpiarlo.

La madre de Simón le mostró gracia. Cometió un error, y aun así lo amó. La gracia es un regalo de Dios. Significa que hay espacio para cometer errores y aun así ser amado.

Querido Dios, gracias por tu regalo de la gracia. Ayúdame a mostrarla a los demás. Amén.

¿Cómo puedes mostrar gracia hoy?

30 DE ABRIL

Enséñame

Dios mío, yo quiero hacer siempre
lo que tú ordenes; ¡enséñame a hacerlo!
SALMOS 86:11 TLA

Luis estaba sentado a la mesa de la cocina haciendo su tarea de matemáticas. Estaba atascado en un problema y necesitaba ayuda. Miró a su alrededor para ver si podían ayudarle. Podría pedirle ayuda a su hermano de tres años, a su perro o a su mamá. ¡Qué tontería sería si no eligiera a su mamá!

No tiene sentido pedirle ayuda a alguien que no puede ayudar. Así como Luis sabía que su mamá era lo suficientemente inteligente como para resolver el problema de matemáticas, tú sabes que Dios es lo suficientemente sabio como para enseñarte.

Querido Dios, quiero seguirte. Ayúdame a ir donde ti por ayuda. Amén.

¿Qué puedes aprender de Dios?

Sabemos que Dios va preparando
todo para el bien de
los que lo aman.

Romanos 8:28 TLA

1 DE MAYO

Preocupaciones

Confíen a Dios todas sus preocupaciones,
porque él cuida de ustedes.

1 PEDRO 5:7 NTV

Beni estaba preocupado por mudarse a una nueva casa. No sabía cómo sería y temía extrañar demasiado su antigua casa.

Dios quiere que le cuentes tus preocupaciones. Hablar de ello puede hacerte sentir mejor. Él tomará tus preocupaciones y te dará paz.

Querido Dios, gracias por tomar mis preocupaciones. Amén.

¿Compartes tus preocupaciones con alguien?

Pequeños enojos

No se enojen unos con otros,
más bien, perdónense unos a otros.

COLOSENSES 3:13 NTV

Jayson estaba molesto. Su amigo Eric no paraba de silbar. Jayson estaba cansado de escuchar la misma canción una y otra vez.

A veces la gente hace cosas que no te gustan. Que no te gusten no significa que estén mal. No dejes que las pequeñas cosas te impidan amar a los demás. Déjalo ir y sigue adelante.

Querido Dios, ayúdame a perdonar a los demás y seguir adelante. Amén.

¿Te resulta fácil perdonar a los demás?

Usa tu voz

Los cielos proclaman la gloria de Dios
y el firmamento despliega la destreza de sus manos.
SALMOS 19:1 NTV

Leo miraba el cielo. Estaba lleno de hermosos colores rosados y anaranjados. El sol iluminó las nubes de la manera perfecta. Estaba tan contento de que Dios hubiera creado el sol, el cielo y la tierra.

Cuando notes algo que Dios ha hecho, puedes usar tu voz para alabarlo. Puedes cantarle, agradecerle o hablar de lo grandioso que es. Usa tu voz para adorar a Dios.

Querido Jesús, ayúdame a usar mi voz para alabarte. Amén.

¿Cómo puedes hablar de la bondad de Dios?

Descansa

Un corto sueño, una breve siesta,
un pequeño descanso, cruzado de brazos.
PROVERBIOS 24:33 NVI

Después de un largo día jugando, Julián se sentía de mal humor. Estaba de mal humor y no parecía poder solucionarlo. Se metió en la cama con su libro favorito y poco a poco su mal humor se fue disipando.

Dios te creó tal como eres. A veces necesitas un descanso, y eso está bien. Cuando descansas, le das a tu cuerpo la oportunidad de reiniciarse. El descanso te ayuda a tomar buenas decisiones.

Querido Dios, ayúdame a tomar descansos cuando los necesite. Amén.

¿Cómo te gusta descansar?

El tiempo de Dios

«María ha elegido lo mejor,
y nadie se lo puede quitar».
LUCAS 10:42 NTV

Joe estaba preocupado por todo lo que tenía que hacer. Tenía tareas, práctica de fútbol y quehaceres que terminar. Era muy trabajador, pero su mente estaba llena de preocupaciones. Se sentía estresado.

No está mal querer hacer las cosas, pero lo más importante es estar cerca de Jesús y escuchar lo que dice.

Querido Jesús, ayúdame a aprender a elegirte a ti primero. Amén.

¿De qué manera pasas tiempo con Dios?

Corazón tranquilo

En verdes pastos me hace descansar.
Junto a tranquilas aguas me conduce.

SALMOS 23:2 NVI

Oscar tenía muchos hermanos y hermanas. Podían ser muy ruidosos y alocados. Deseaba que todos guardaran silencio. Quería encontrar un poco de paz.

Dios dice que puede guiarte por campos verdes y aguas tranquilas. Lo que esto realmente significa es que puede darte paz. Pase lo que pase a tu alrededor, Dios puede ayudarte a tener un corazón y un espíritu tranquilos.

Querido Dios, gracias por darme paz y descanso. Amén.

¿Has sentido la paz de Dios en tu corazón?

7 DE MAYO

Sé valiente

Así que acerquémonos con toda confianza al trono de la gracia de nuestro Dios.

HEBREOS 4:16 NTV

Angelo fue grosero con su hermana. Dijo algo que no debía. Sabía que debía contárselo a su mamá, pero tenía miedo de meterse en problemas. Le preocupaba lo que ella pudiera decir.

A veces uno puede tener miedo de ser honesto. Pase lo que pase, puedes hablar con Dios. Él siempre te ayudará, incluso cuando hagas algo malo.

Querido Dios, ayúdame a acudir a ti cuando comento errores. Amén.

¿De qué manera el amor de Dios te hace ser valiente?

El barro

Nosotros somos el barro y tú, el alfarero.
Todos somos formados por tu mano.

ISAÍAS 64:8 NTV

Los alfareros hacen cosas con barro, como platos, tazas y tazones. Dios dice que Él es el alfarero y tú eres el barro. Él te hace como quiere que seas.

Dios te hizo, y Él no comete errores. Cuando te mira, ve a su hijo a quien ama. ¡Está muy orgulloso de ti!

Querido Dios, gracias por crearme y amarme tal como soy. Amén.

¿Qué te gusta de ti?

9 DE MAYO

Ama a tus enemigos

«Amen a sus enemigos y háganles el bien».

LUCAS 6:35 NTV

Lucas estaba sentado en la escuela dominical escuchando a su maestra hablar de enemigos. *Menos mal que no tengo ninguno de esos*, pensó. Al oír la palabra enemigo, pensó en superhéroes y villanos.

Un enemigo no tiene por qué ser malo. Un enemigo es cualquiera a quien no quieres amar. Quizás tu enemigo sea el chico con el que no te llevas bien. Dios dice que tratemos a todos por igual, nos gusten o no.

Querido Jesús, ayúdame a hacer el bien a los demás, incluso a quienes son malos. Amén.

¿Puedes ser amable incluso cuando las personas son malas?

Tu ancla

Esta esperanza es un ancla firme
y confiable para el alma.

HEBREOS 6:19 NTV

Imagina un barco grande y fuerte con un ancla pesada. Cuando el ancla se suelta, se queda en el fondo del mar e impide que el barco se aleje. Aunque sople el viento, el barco no irá muy lejos.

Tú eres como el barco. Necesitas un ancla que te mantenga firme. El amor de Dios es como un ancla. Incluso cuando la vida es difícil, puede ayudarte a permanecer donde necesitas estar.

Querido Jesús, tú eres mi esperanza. Ayúdame a estar firme cuando la vida es difícil. Amén.

¿De qué manera es Jesús como un ancla?

Mejor juntos

Más valen dos que uno, pues trabajando unidos
les va mejor a ambos.

ECLESIASTÉS 4:9 NTV

A Bartolo le encantaba nadar. Él trató de cruzar la piscina solo, pero se cansó a la mitad. Menos mal que su mamá estaba justo ahí para ayudarlo a llegar a la orilla cuando más lo necesitaba.

Es bueno tener a alguien a tu lado. No solo es divertido, también pueden ayudarse el uno al otro. Mira a ver quién puede necesitar tu ayuda hoy.

Querido Dios, gracias por las personas que me aman y me ayudan. Amén.

¿Quién está ahí para ayudarte cuando lo necesitas?

Baja el ritmo

Deben estar listos para escuchar; en cambio deben ser lentos para hablar y para enojarse.

SANTIAGO 1:19 DHH

Andrés buscó por todas partes y no podía encontrar su juguete favorito. Estaba seguro de que su hermano lo había tomado, por lo que lo acusó gritándole. Le habló palabras muy hirientes antes de que notara que su juguete estaba en su bolsillo.

Andrés no fue paciente, sino que dejó que su enojo lo controlara. Debió calmarse y preguntarle a su hermano de manera agradable.

Querido Dios, no quiero enojarme tan rápido. Ayúdame a hablar con calma y a escuchar. Amén.

¿De qué manera podrías practicar el ser lento para enojarte?

Qué hacer

El que vive enojado no puede vivir
como Dios manda.

SANTIAGO 1:20-21 NTV

Marco sintió que la ira se apoderaba de él. ¡Estaba tan furioso! Sentía la cara ardiendo y el corazón le latía con fuerza. Quería gritar o golpear algo. ¡Sentía que iba a explotar!

Todos nos enojamos a veces. Lo importante es lo que decides hacer con tu enojo. Está mal lastimar a las personas o los animalitos, o tirar las cosas cuando estás enojado. En lugar de eso, pídele ayuda a Dios.

Querido Dios, ayúdame a no herir a otros cuando estoy enojado. Amén.

¿Qué puedes hacer cuando estás enojado?

Regalo de paz

Un regalo en secreto calma el enojo,
y una propina en secreto alivia la furia más grande.

PROVERBIOS 21:14 NTV

Braulio tuvo un día realmente malo. Cuando llegó a su casa, encontró una caja sobre su cama. Dentro había un reloj y una nota amable de su mamá. Ese regalo secreto lo hizo sentir mucho mejor.

El regalo de la bondad puede cambiar un día triste en uno feliz. Podrías escribir una nota de ánimo o ayudar a tu vecina. Hacerle un regalo a alguien también puede hacerte sentir bien.

Querido Dios, muéstrame qué clase de regalo puedo hacer para alegrarle el día a alguien. Amén.

¿Qué regalo puedes hacerle a alguien esta semana?

Esperanza para todos

«Y su nombre será la esperanza
de todo el mundo».

MATEO 12:21 NTV

Imagina una feria llena de atracciones, luces y delicias. Tienes un boleto de entrada y estás deseando disfrutar de toda la diversión. Mientras haces fila, no te preocupa perderte nada, porque sabes que tu boleto funcionará.

Jesús es como ese boleto. Puedes estar cerca de Dios gracias a Él. Pon tu esperanza en Jesús, porque Él es quien abrió el camino hacia Dios.

Querido Jesús, ayúdame a compartir con otros tu esperanza. Amén.

¿Cómo puedes mostrar la esperanza a otras personas?

Gran amor

Así ustedes podrán comprender, junto
con todos los que formamos
el pueblo de Dios, el amor de Cristo en toda su plenitud.

EFESIOS 3:18 TLA

¡Hay partes del océano que tienen más de nueve mil metros de profundidad! Eso equivale a más de ochenta campos de fútbol. Es difícil siquiera imaginar su profundidad.

El amor de Dios es aún más profundo que el océano más profundo. Es más grande de lo que puedes comprender por ti mismo. Es más amplio, más fuerte y mejor que cualquier otra cosa que puedas imaginar.

Querido Dios, por favor enséñame cuánto me amas. Amén.

¿Cómo el amor de Dios te hace sentir?

17 DE MAYO

Los regalos de un padre

«Cuánto más su Padre celestial dará
buenos regalos a quienes le pidan».

MATEO 7:11 NTV

Jonás le pidió a su papá un balón de fútbol, y su papá le dio un disco. Pidió un sándwich y su papá le dio un perrito caliente. Pidió un vaso de agua y su papá le dio un café. ¡Qué tontería! Esto no es ser un buen padre.

Dios es un gran padre. Él sabe cómo darte lo que necesitas. Le encanta cuidarte y siempre sabe qué es lo mejor para ti.

Querido Padre, gracias por darme buenos regalos. Amén.

¿Qué deseas pedirle a Dios?

Buenas noticias

«Vayan por todos los países del mundo y anuncien las buenas noticias a todo el mundo».

MARCOS 16:15 TLA

Cuando Antonio entregó su tarea, su maestro sonrió y dijo: «He decidido darte un día más para terminarla». ¡Antonio estaba muy contento! La tarea era difícil y necesitaba ayuda. Alegremente les contó a sus amigos la buena noticia.

La mejor noticia de todas es que Jesús te ama. Murió para que pudieras estar cerca de Dios. ¡Puedes compartir esta buena noticia con todos!

Querido Jesús, quiero que todos conozcan las Buenas Noticias. Amén.

¿Con quién puedes compartir acerca de Jesús hoy?

19 DE MAYO

Alaba a Dios

¡Vengan todos! ¡Aplaudan!
¡Griten alegres alabanzas a Dios!
SALMOS 47:1 NTV

¿Conoces a alguien famoso? ¿Alguna vez has querido conocer a tu futbolista favorito o a un actor de tu película favorita? Puede que parezcan importantes, pero no lo son cuando los comparas con Dios.

¡Tú conoces al Rey de toda la tierra! Dios es más poderoso, más sabio y bondadoso que nadie, y tú lo conoces. ¡Alábale porque Él es tan grande!

Querido Dios, gracias porque conozco que tú eres el Rey de toda la tierra. Amén.

¿Por qué razón puedes alabar a Dios hoy?

20 DE MAYO

Dios con nosotros

Entonces la Palabra se hizo hombre
y vino a vivir entre nosotros.
JUAN 1:14 NTV

Jesús te comprende. Vivió una vida como la tuya. Creció en un hogar con mamá y papá. Cenaba con su familia, jugaba al aire libre y tenía amigos con quienes pasar el tiempo. Él sabe por todo lo que estás pasando.

Cuando le pides ayuda a Dios, puedes estar seguro de que Él comprende por lo que estás pasando. Él sintió lo mismo que tú. Él lo entiende.

Querido Jesús, gracias por mostrarme cómo es Dios. Amén.

¿Con qué necesitas ayuda hoy?

Ama a todos por igual

Ustedes dan especial atención al que está bien vestido.

SANTIAGO 2:3 NTV

Cada persona que conoces tiene una historia que contar. No puedes ver la historia de alguien con solo mirarlo. Podrías pasar junto a un corredor campeón o un pintor famoso. Quizás nunca lo sepas. La apariencia de las personas no te dice mucho sobre quiénes son.

Pero Dios mira el corazón. Él te pide que hagas lo mismo. Es importante tratar a todos por igual, sin importar su apariencia.

Querido Dios, ayúdame a amar a todos sin importar cómo se vean. Amén.

¿Qué piensas cuando ves a alguien que es diferente a ti?

Cómo amar

«Ama a tu prójimo como a ti mismo».

SANTIAGO 2:8 NVI

El maestro de David le dijo que había hecho un excelente trabajo con su tarea. Esto lo hizo sentir orgulloso. Más tarde ese mismo día, le dijo a su amigo que era muy bueno jugando al fútbol. Quería transmitirle la alegría que se siente al recibir ánimo.

Dios dice que debemos tratar a los demás como queremos que nos traten. Si sabes que las palabras amables te hacen sentir bien, entonces deberías decir palabras amables a los demás.

Querido Dios, gracias por enseñarme a amar a los demás. Amén.

¿Cómo te gusta que te traten?

23 DE MAYO

Tu gente

Doy gracias a Dios cada vez que
me acuerdo de ustedes.

FILIPENSES 1:3 NTV

Dylan amaba a su familia. Eran sus mejores amigos. Jugaba con sus hermanos todos los días. Ayudaba a su papá con el jardín. Se acurrucaba con su mamá. Cada uno de ellos lo hacía sentir agradecido de diferentes maneras.

Es bueno estar agradecido por las personas en tu vida. Cuando recuerdes cuánto los amas, ¡díselo a Dios!

Querido Dios, gracias por todas las personas que están en mi vida que me aman. Amén.

¿Por quién estás agradecido?

Búscalo

«Pues todo el que pide, recibe; todo el que busca, encuentra; y a todo el que llama, se le abrirá la puerta».

LUCAS 11:10 NTV

Miguel jugaba a las escondidas con sus primos. Encontró a todos menos a Paco. Buscó y buscó, pero no pudo encontrarlo. Algunos se dieron por vencidos. Miguel pensó en rendirse, pero siguió buscando. Recordó un lugar y cuando buscó, ¡Paco estaba ahí!

A veces es difícil encontrar las cosas. ¡La buena noticia es que siempre es fácil encontrar a Dios! Él no se esconde de ti.

Querido Dios, gracias porque puedo encontrarte fácilmente. Amén.

¿Sabes que Dios está siempre para ti?

Tu pastor

Como un pastor que cuida su rebaño,
recoge los corderos en sus brazos.

ISAÍAS 40:11 NVI

Un pastor caminaba por un campo lleno de ovejas. Un corderito estaba acostado. Tenía la pierna rota. El pastor lo levantó y lo llevó de regreso al establo. Cuidar a las ovejas es el trabajo del pastor.

Tú eres como un corderito y Dios es el pastor. Cuando te lastimes, Él cuidará de ti. Eres muy importante para Él, y te ama muchísimo.

Querido Jesús, gracias por cuidarme. Me siento especial y amado. Amén.

Cuando estás lastimado, ¿qué te hace sentir mejor?

Dios da esperanza

Que el Dios de la esperanza
los llene de toda alegría.
ROMANOS 15:13 NVI

A Julián le costaba aprender matemáticas. Trataba de prestar atención a su maestra, pero no entendía. Se sentía atascado y triste; posiblemente nunca aprendería.

La esperanza es la sensación de que algo bueno sucederá. Si no tienes esperanza, podrías rendirte. Dios nos da esperanza. Él sabe que vienen cosas buenas para ti.

Querido Dios, gracias por darme esperanza. Amén.

¿Qué cosas buenas puedes ver que vienen para ti?

27 DE MAYO

Ayuda en el camino

Dime si mi conducta no te agrada,
y enséñame a vivir
como quieres que yo viva.
SALMOS 139:24 TLA

Jerry comió un dulce que encontró en su habitación. Después, su hermano le gritó y dijo que era suyo. Jerry juró que fue un accidente. ¿Pero lo fue? No estaba muy seguro... ¿quizá sí lo sabía?

¿Alguna vez te has sentido confundido por tus propios pensamientos? Dios puede ver lo profundo de tu corazón. Incluso cuando no estás seguro, Él sabe exactamente por qué piensas y actúas como lo haces. Es bueno pedirle ayuda.

Querido Dios, tú mejor que nadie conoces mi corazón. Enséñame a pedir tu ayuda cuando esté confundido. Amén.

¿En qué momento le has pedido a Dios que te ayude a pensar bien?

Ayudar a los demás

La religión pura y sin contaminación
que Dios sí acepta, es esta:
ayudar a los huérfanos y a las viudas
en sus dificultades.

SANTIAGO 1:27 NTV

Lo que realmente le agrada a Dios es cuando cuidas a las personas. Hay algunas personas que no tienen a nadie que les ayude. Si quieres agradar a Dios, entonces ayuda a quienes lo necesitan.

El mundo dice que pienses solo en ti y hagas lo que te hace feliz, pero Dios dice que ayudes a los demás. Cuando amas con tus acciones, Dios se muestra feliz.

Querido Dios, quiero ser servicial y amoroso. Muéstrame a quién puedo cuidar. Amén.

¿Puedes hacer algo bonito por otra persona?

Cosas maravillosas

¡Cuántas cosas has hecho, Señor!
Todas las hiciste con sabiduría
Salmos 104:24 DHH

Dios siempre está haciendo cosas maravillosas, pero puede que solo notes algunas cada día. Pídele a Dios que te las muestre, y Él abrirá tus ojos para que las veas.

Podrías ver cuán hermoso es el mundo, cómo Dios ha ayudado a tu familia, o cuánto te ama. Pídele que te muestre las cosas buenas que Él está haciendo, y Él lo hará.

Querido Dios, gracias por todas las cosas asombrosas que haces. Amén.

¿Qué cosas buenas de parte de Dios has notado hoy?

Presta atención

Pues cada uno es responsable de su propia conducta.

GÁLATAS 6:5 NTV

Tomás y Aarón tenían que hacer tareas todos los días. Tomás tenía que barrer los pisos. Aarón era responsable de lavar los platos sucios. Cuando se concentraban en su trabajo, lo hacían rápido; pero cuando comenzaban a decirse el uno al otro lo que debía de hacer, perdían tiempo.

Tu trabajo es hacer lo mejor que puedas. Si te toca barrer los pisos, hazlo bien. Si tienes que hacer tus tareas, hazlas lo mejor que puedas. No te distraigas con lo que los demás tienen que hacer.

Querido Dios, quiero trabajar fuerte y hacerlo bien. Amén.

¿Qué trabajo puedes hacer hoy?

La mente de Dios

Cuando [Dios] dice una cosa, la realiza.
Cuando hace una promesa, la cumple.

NÚMEROS 23:19 DHH

En su cumpleaños, José pudo elegir lo que comían. Escogió hamburguesas con queso, pero después del primer bocado, deseó haber elegido tacos. Cambió de opinión y se sintió frustrado. Deseó haber hecho otra cosa.

Dios no cambia de opinión. Él sabe lo que quiere y sus promesas no cambian. Siempre tiene una decisión clara y siempre cumple lo que promete.

Querido Jesús, gracias porque tú nunca cambias. Gracias porque tu amor es el mismo siempre. Amén.

¿Cuáles son las cosas por las que Dios nunca cambia?

Sé tú mi roca de refugio
adonde pueda yo siempre acudir.

SALMOS 71:3 NVI

1 DE JUNIO

Sé valiente

Estén alerta. Permanezcan firmes en la fe.
Sean valientes.

1 Corintios 16:13-14 NTV

Cuando Carlos y sus amigos terminaron su juego de mesa, todos corrieron a jugar. Él sabía que debía quedarse y ayudar a limpiar. Sabía lo que era correcto, pero no quería hacerlo.

A veces, ser valiente significa hacer lo correcto, incluso cuando no quieres. Puedes tomar decisiones todos los días. Sé valiente y haz lo correcto.

Querido Dios, ayúdame a ser valiente y a elegir lo que es correcto. Amén.

¿Siempre haces lo que hacen tus amigos?

El momento perfecto

En esta vida todo tiene su momento;
hay un tiempo para todo.
ECLESIASTÉS 3:1 TLA

David vio la patineta más genial cuando iba de compras con su mamá. «Mamá, por favor, ¿me la compras?». Ella dijo que no, y David se puso triste. Un mes después, era su cumpleaños. Cuando abrió su regalo, ¡allí estaba la patineta que había pedido!

Puede ser difícil esperar lo que quieres. Pero esto es parte de la vida. Dios siempre tiene el momento perfecto. Puedes confiar en que Él hará todo a su tiempo.

Querido Jesús, tu momento es el mejor. Ayúdame a confiar en ti. Amén.

¿Alguna vez te ha costado trabajo esperar?

3 DE JUNIO

Nunca estás perdida

Me mostrarás el camino de la vida.
Hay gran alegría en tu presencia.
SALMOS 16:11 DHH

Miguel estaba en la feria con su familia. Se detuvo a mirar un juego muy divertido y, cuando se volteó, ¡no vio a su familia! Entonces oyó su nombre. La voz de su papá era clara, por lo que corrió hacia él.

Cuando sigues a Dios, no tienes que preocuparte por estar perdido. Mientras más conozcas de Él, más conocerás su voz. Cuando te llame, sabrás que es Él.

Querido Dios, quiero conocer tu voz para encontrarte de inmediato. Amén.

¿Quién te ayuda cuando no sabes qué hacer?

4 DE JUNIO

Tu escudo

El SEÑOR me da fortaleza y es mi escudo.

SALMOS 28:7 NTV

Jeremías corría por el patio. Él y su hermano estaban jugando a soldados en batalla con armas de juguete. Dobló una esquina y se encontró cara a cara con su enemigo. Las balas de goma rebotaron en su escudo mientras intentaba correr en dirección contraria.

En una batalla, un escudo te protege. Dios es tu propio escudo. Él puede protegerte de todo tipo de peligro.

Querido Dios, gracias por guardarme siempre. Amén.

¿En qué momento Dios te guardó?

Descanso verdadero

Sólo en Dios hallo descanso,
de él viene mi esperanza.
SALMOS 62:5 NTV

Toni pasó todo el día nadando. Estaba tan cansado que, al final del día, se tiró en su cama y se quedó dormido. Cuando despertó al día siguiente, tenía mucha energía, listo para un nuevo día.

Dormir es genial cuando el cuerpo está cansado. Cuando el corazón está cansado, necesitas que Dios lo ayude a descansar. Él sana los corazones cansados.

Querido Dios, ayúdame a acudir a ti cuando mi corazón esté cansado. Amén.

¿Le pides ayuda a Dios cuando estás cansado?

Depende de Dios

Pon todo lo que hagas en manos del SEÑOR,
y tus planes tendrán éxito.

PROVERBIOS 16:3 NTV

¿Puedes pensar en todo lo que haces en un día? Te cepillas los dientes, hablas con tu familia, comes, juegas y vas a la escuela. La lista podría ser interminable.

Dios puede ayudarte en cada momento de tu día, con cualquier cosa grande o pequeña. Él quiere ser parte de tu vida todos los días.

Querido Dios, ayúdame a confiar en ti todo el día. Amén.

¿Cómo puedes hacer que Dios sea parte de tu día?

7 DE JUNIO

Crece en amor

No podemos más que agradecerle a Dios por ustedes, porque su fe está floreciendo, y el amor de unos por otros, creciendo.

2 TESALONICENSES 1:3 NTV

Tito estaba disfrutando a su nuevo amigo que acababa de conocer. Cuanto más hablaban, más lo conocía. Podría ser su mejor amigo. Cuando se enteró de que a su amigo le encantaba el béisbol, lo invitó a jugar atrapadas.

Dios quiere que tu amor por los demás se haga más y más grande. Cuanto más conozcas las personas a tu alrededor, más amigos podrías tener.

Querido Jesús, enséñame a amar a los demás como tú lo haces. Amén.

¿Qué actos de amor puedes hacer hoy?

En paz con Dios

Dios se aparta de los malvados,
pero escucha la oración de los buenos.

PROVERBIOS 15:29 TLA

Ramón estaba cansado de cometer errores. Se sentía como si siempre hiciera lo incorrecto. Tal vez Dios no lo escuchaba, porque no podía dejar de pecar.

Jesús te hace bien. Cuando murió en la cruz, Él hizo un camino para que estés cerca de Dios, incluso aunque no seas perfecto. El pecado ya no puede dominarte.

Querido Jesús, gracias por ayudarme a vivir de la manera correcta. Amén.

¿Crees que Jesús quitó tu pecado y te da paz con Dios?

Verano e invierno

Tú pusiste límites a la tierra;
creaste el verano y el invierno.
SALMOS 74:17 NTV

¡Colín estaba tan caliente! Estaba cansado ya del sol y quería que la nieve llegara. Se sintió de mal humor por el clima. Cuando comenzó a quejarse, su madre le recordó que hay cosas buenas en cada temporada.

Todo lo que Dios ha hecho es bueno y correcto. Cuando quieras quejarte, mejor alaba a Dios.

Querido Dios, gracias por las distintas estaciones del año. Cada una es importante. Amén.

¿Cuál es tu temporada favorita?

Uno en mil millones

«Los ángeles de Dios hacen fiesta
cuando alguien se vuelve a Dios».
LUCAS 15:10 TLA

¿Puedes contar hasta siete mil millones? ¡Ese es un gran número! Pues esa es la cantidad de personas que hay en la tierra en este momento. Dios se preocupa por todas y cada una de las personas. Cada persona es igualmente importante para Él.

Es genial que Dios pueda amar a tanta gente de la misma manera. Nunca se quedará sin amor. Incluso si hay diez mil millones de personas en el planeta, Él tiene suficiente amor por todos.

Querido Jesús, gracias por mostrarme la alegría que tienes por mí. Amén.

¿Crees que Dios te ve y te conoce?

11 DE JUNIO

El buen pastor

El SEÑOR es mi pastor;
tengo todo lo que necesito.
SALMOS 23:1 NTV

Un buen pastor cuida a sus ovejas. Se asegura de que coman. Las protege de otros animales. Las rescata si se alejan. Les da lo que necesitan.

Dios es el Buen Pastor. Él cuida de todas tus necesidades pase lo que pase. Recuerda todo lo que Él hace por ti.

Querido Dios, gracias por ser mi Buen Pastor y darme lo que necesito. Amén.

¿Cómo cuida Dios de ti?

12 DE JUNIO

Dios te conoce

SEÑOR, tú me has examinado
y sabes todo de mí.

SALMOS 139:1 NTV

Dios te conoce mejor que nadie. Él ve tu corazón. Sabe cómo te sientes en este momento. No hay nada en ti que Él no entienda. Nada le toma por sorpresa.

Dios conoce todo lo mejor de ti. También conoce todos tus errores. La buena noticia es que Él te ama siempre.

Querido Dios, gracias por conocerme mejor que nadie. Amén.

¿Cómo entiendes que Dios te conoce?

Dios es muy grande

Cuéntale todos tus problemas.
¡Dios es nuestro refugio!
SALMOS 62:8 TLA

Teo se preparaba para su primer recital de piano. Le preocupaba cometer un error delante de todos. Le contó a su madre cómo se sentía y ella lo ayudó a mantener la calma.

Cuando expresas tus preocupaciones en voz alta, no se sienten tan grandes. Lo mismo ocurre con Dios. Entrégale todos tus problemas y Él te dará paz.

Querido Dios, tú eres grande y fuerte.
Te confío todas mis preocupaciones.
Amén.

¿Hay alguna preocupación que puedas entregarle a Dios hoy?

Seguro en Dios

Temer a la gente es una trampa peligrosa,
pero confiar en el SEÑOR significa seguridad.
PROVERBIOS 29:25 NTV

Alex veía por su ventana cómo afuera rugía una tormenta de verano. Estaba a salvo con su mamá adentro de la casa, pero el viento y la lluvia le daban miedo. Su mamá lo abrazó fuerte y le recordó que Dios tiene el control.

La gente puede hacerte sentir seguro o inseguro, pero Dios es el único que realmente puede mantenerte a salvo. Él tiene todo en sus manos.

Querido Dios, ayúdame a confiar más en ti que en los demás. Amén.

¿Cómo puedes confiar en Dios hoy?

15 DE JUNIO

Habla

«Habla por los que no pueden hablar
y defiende los derechos de los desamparados».

PROVERBIOS 31:8 NTV

La hermanita de Roy quería unirse al juego que él jugaba con sus amigos. Ellos no querían que ella jugara también. Roy dejó de jugar, la abrazó y la invitó a jugar a algo diferente con él.

Jesús siempre defendía a los demás. Él quiere que seas amable cuando otros niños quieren dejar a alguien fuera. Tu voz importa.

Querido Dios, por favor ayúdame a ser bueno y ver cuando otros están sufriendo. Amén.

¿Cómo puedes usar tu voz para ayudar a alguien?

De la mano

«Porque yo soy el SEÑOR tu Dios,
que sostiene tu mano derecha;
yo soy quien te dice:
"No temas, yo te ayudaré"».

ISAÍAS 41:13 NVI

Cuando eras más pequeñito, tomabas la mano de tu mamá para cruzar la calle. Ella te mantenía a salvo y se aseguraba de que fueras adonde debías ir. Su trabajo era protegerte.

Dios también hace esto. Él puede mantenerte a salvo y hacerte valiente con solo estar cerca. Él te toma de la mano y te ayuda a ir adonde necesitas llegar.

Querido Dios, gracias por guiarme. Amén.

¿Qué te ayuda cuando tienes miedo?

En tu mente

Llevamos cautivo todo pensamiento
para que obedezca a Cristo.

2 CORINTIOS 10:5 NVI

La hermana pequeña de Brandon arruinó su libro favorito. Derramó jugo sobre él y Brandon se enfureció. ¡Ojalá no tuviera hermana!

A veces, puedes tener un pensamiento malo. Aunque no lo sientas, no está bien. Puedes entregarle tus pensamientos a Dios. Pídele que te ayude a pensar mejor.

Querido Dios, enséñame a acudir a ti cuando pienso cosas que no me parecen bien. Amén.

¿A quién puedes contarle tus pensamientos?

Pasar tiempo

«Ama al SEÑOR tu Dios con todo tu corazón, con toda tu alma y con toda tu mente».

MATEO 22:37 NVI

Cuando amas a alguien, pasas tiempo con esa persona. Se prestan atención el uno al otro. Así es como Dios quiere que tú también lo ames.

Puedes pasar tiempo con Dios hablando con Él, leyendo la Biblia y pensando en lo grandioso que Él es. Dios quiere ser parte de tu vida.

Querido Dios, gracias por querer pasar tiempo conmigo. Amén.

¿Cómo muestras tu amor a Dios?

19 DE JUNIO

Mejor que el dinero

No te desgastes tratando de hacerte rico.

PROVERBIOS 23:4 NTV

Con dinero, tú puedes comprarte dulces o un juguete nuevo, pero no puedes comprarte lo más importante. No puedes usarlo para comprar amor, bondad o esperanza. Es fácil entusiasmarse con el dinero, pero intenta recordar lo que realmente importa.

Amar a Dios y amar al prójimo es lo más importante del mundo. No gastes todo tu tiempo intentando conseguir más dinero.

Querido Jesús, enséñame a amarte a ti y a los demás más que a las cosas que tengo. Amén.

¿Qué es mejor que el dinero para ti?

20 DE JUNIO

Protección poderosa

Los envolvió en sus brazos, los instruyó
y los cuidó como a la niña de sus ojos.
DEUTERONOMIO 32:10 DHH

Cuando estás en casa, Dios te protege. Cuando estás en la escuela, Dios te protege. Si te alejas y te pierdes, Dios seguirá estando contigo. No hay ningún lugar al que puedas ir que esté demasiado lejos de su protección.

Dios quiere mantenerte a salvo. Él siempre está contigo, incluso cuando no lo sepas.

Querido Dios, gracias por mantenerme a salvo. Amén.

¿Cómo te protege Dios?

Dios puede hacerlo

Oh Dios, haz que tu poder se presente;
despliega tu poder, oh Dios, como
lo has hecho en el pasado.

SALMOS 68:28 NTV

Benjamín leyó en su Biblia que Dios puede hacer que los ciegos vean. Al leerlo, pensó: *Si Dios puede hacer eso, ¡entonces puede ayudarme con lo que necesito!*

La Biblia es un registro de lo que Dios ha hecho. Él usa su poder para ayudar a su pueblo. Cuando ves lo que Él ya ha hecho, puedes tener esperanza en lo que Él hará en el futuro.

Querido Dios, quiero ver tu poder en mi vida. Amén.

¿Qué has leído en la Biblia que te hace fuerte?

Comparte en amor

Los amamos mucho y por eso nos alegramos
de compartir con ustedes las buenas noticias de Dios.
1 TESALONICENSES 2:8 NTV

Dios dice que el verdadero amor es compartir su verdad con los demás. Estás leyendo este libro porque alguien te ama. Esa persona se preocupa por ti y quiere que conozcas a Dios.

Compartir la verdad de Dios puede ser sencillo. Puedes decir lo que amas de Dios. Habla de quién es Él y de las cosas buenas que ha hecho en tu vida.

Querido Dios, enséñame a compartir la verdad de quién tú eres. Amén.

¿Qué amas de Dios que puedes contarle a alguien hoy?

23 DE JUNIO

Planes y milagros

«Nació ciego para que todos vieran
el poder de Dios en él».

JUAN 9:3 NTV

Si estás enfermo, ¿crees que es culpa de tus padres? Si cometes un error, ¿culpas a tu hermano? Sería absurdo, pero es exactamente lo que pasó en esta parte de la Biblia. Un hombre nació ciego y la gente decía que era culpa de sus padres.

Dios no es así. Él no culpa a los demás cuando tienes un problema. Al contrario, te ayudará a demostrarte lo fuerte que Él es. Puedes confiar en que Dios te ayudará.

Querido Dios, gracias por todo lo que haces. Amén.

¿De qué manera has visto el poder de Dios en tu vida?

Cuida bien a otros

Les ruego que cuiden el rebaño de Dios
que ha sido puesto bajo su responsabilidad.

1 PEDRO 5:2 NTV

La mamá de Pedro estaba ocupada en la cocina preparando lasaña. Llevaban comida a algunas familias que necesitaban ayuda. Pedro dibujó una imagen para cada familia. No podía preparar la comida, pero podía ayudar a su manera.

Cuidar a los demás es una forma de demostrar que amas a Dios. Es bueno ayudar a la gente y compartirles el amor de Dios.

Querido Jesús, muéstrame cómo puedo cuidar a los demás. Amén.

¿De qué manera puedes mostrar el amor de Dios hoy?

25 DE JUNIO

Amor muy grande

Tan grande es su amor por los que le temen
como alto es el cielo sobre la tierra.

SALMOS 103:11 NVI

¿Alguna vez has volado en avión? Cuando estás en las alturas, incluso los edificios enormes parecen diminutos. Hay una gran distancia entre el avión y el suelo. ¡Ahora imagina cuán alto está el cielo sobre la tierra!

El amor de Dios es más grande que cualquier cosa que puedas entender. Puedes pasar toda tu vida aprendiendo sobre el amor de Dios, y aun así no tendrás tiempo suficiente.

Querido Dios, gracias por tu muy grande amor. Amén.

¿Cómo el muy grande amor de Dios te hace sentir?

26 DE JUNIO

Lo que Dios quiere

Esta es la confianza que tenemos al acercarnos a Dios: que, si pedimos cualquier cosa conforme a su voluntad, él nos oye.

1 JUAN 5:14 NVI

Justo antes de cenar, Daniel vio una caja grande de galletas en la encimera. Le pidió una a su mamá. Ella le dijo que no quería que le arruinara la cena. Él sabía que ella tenía razón. Disfrutaría la galleta más tarde esa noche.

Cuando le pides algo a Dios, puedes confiar en su respuesta. Él es un buen padre y sabe lo que necesitas y cuándo lo necesitas.

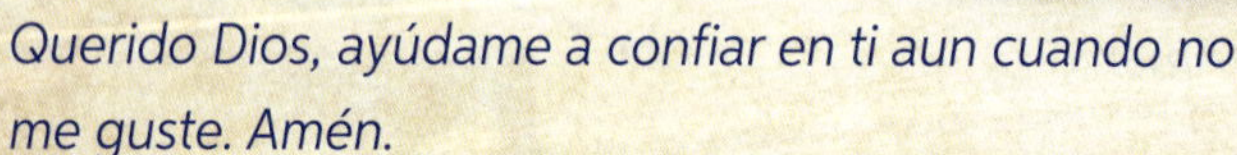

Querido Dios, ayúdame a confiar en ti aun cuando no me guste. Amén.

¿Cómo puedes confiar en las respuestas de Dios?

27 DE JUNIO

El mejor papá

¡Fíjense qué gran amor nos ha dado el Padre,
que se nos llame hijos de Dios!

1 JUAN 3:1 NVI

Imagina lo mejor que has hecho. ¿Lo tiraste o simplemente lo olvidaste? ¡No! Probablemente esté en un lugar especial.

Lo mismo ocurre contigo. Dios no te creó y se olvidó de ti. Eres muy especial para Él. Te ama tanto que te llama su hijo. Tienes al mejor padre del mundo.

Querido Padre, gracias por ser un papá tan bueno. Amén.

¿Cómo Dios te muestra que es un buen papá?

28 DE JUNIO

Buen fruto

«Así que por sus frutos los conocerán».

MATEO 7:20 NVI

Los manzanos dan manzanas. Los naranjos dan naranjas. Un peral no dará cerezas. Puedes saber qué tipo de árbol es mirando el fruto que da.

Lo mismo ocurre con las personas. Cuando sigues a Jesús, producirás el fruto del Espíritu. A Dios le encanta ver que creces dando buen fruto como amor, alegría, paz y paciencia.

Querido Jesús, ayúdame a vivir de una manera que muestre que te pertenezco. Amén.

¿Qué fruto puedes mostrarles a los demás hoy?

Murallas fuertes

Una persona sin control propio
es como una ciudad con las murallas destruidas.
PROVERBIOS 25:28 NTV

Imagina un hermoso castillo en un pueblo antiguo. Alrededor de todo el castillo hay un muro de piedra grueso. El muro mantiene a todos a salvo. Si estuvieras dentro del muro, los enemigos no podrían alcanzarte. Pero si el muro se derrumbara, cualquiera podría apoderarse del pueblo.

Dios dice que el autocontrol es como ese muro. Te mantiene a salvo y te ayuda a hacer lo correcto. Si no tienes autocontrol, harás o dirás lo que te dé la gana.

Querido Dios, enséñame y ayúdame a controlarme. Amén.

¿Cómo te ayuda el control propio a mantenerte seguro hoy?

Pedir ayuda

Respetar al SEÑOR es el principio de la sabiduría;
los tontos desprecian la sabiduría y la disciplina.

PROVERBIOS 1:7 NTV

Roberto estaba en una cabaña con su familia. Su padre dijo que necesitaban leña, y Roberto recordó que afuera había un hacha y un montón de leña. Había visto a su padre hacerlo antes. ¿Qué tan difícil podía ser? ¿Debería Roberto cortar leña solo? ¡No!

Cuando pides ayuda, especialmente con cosas grandes, demuestras sabiduría. Hay cosas que aún no puedes hacer solo. Puedes pedirle ayuda a Dios con las cosas grandes.

Querido Dios, gracias por enseñarme lo que es bueno y correcto. Amén.

¿Con qué necesitas ayuda hoy?

JULIO

La seguridad que tenemos al estar unidos a Dios es esta: Dios escucha nuestras oraciones cuando le pedimos conforme a su voluntad.

1 JUAN 5:14 NTV

Tener miedo

«¡…el SEÑOR está con nosotros! ¡No les tengan miedo!»

NÚMEROS 14:9 NTV

Una gran tormenta podría asustarte tanto que quisieras esconderte bajo las sábanas. El primer día de clases puede ponerte nervioso. Una película podría ser demasiado aterradora para verla. Es normal sentir miedo. Lo importante es qué haces con ese miedo.

El amor de Dios es lo suficientemente grande como para soportar todos tus miedos. Su amor puede darte valentía cuando tienes miedo. Recuerda que Dios está de tu lado. Él está contigo.

Querido Dios, gracias por estar cerca cuando tengo miedo. Amén.

¿Te sientes valiente el saber que Dios te ama?

Cántale a Dios

Cántenle una canción nueva;
toquen con destreza.
SALMOS 33:3 NVI

Bruno caminaba por su patio trasero. Era un hermoso día de verano. Los pájaros cantaban y el sol brillaba. Sin siquiera pensarlo, él también comenzó a cantar. ¡Se sentía alegre y lleno de vida!

A Dios le gusta que le cantes canciones. Le encanta escuchar tu voz. Cuanto más alabes a Dios, más cerca se sentirá tu corazón de Él.

Querido Dios, gracias porque mi voz te encanta. La usaré para cantarte sea que esté contento o triste. Amén.

¿Cuál es tu canción de adoración favorita?

Escoge la paz

Hagan todo sin quejarse y sin discutir.

FILIPENSES 2:14 NTV

Luis se despertó el sábado por la mañana. Estaba emocionado por jugar videojuegos y ver televisión. Cuando su mamá le pidió que hiciera primero sus quehaceres, él se quejó e hizo un berrinche.

Solo porque no quieras hacer algo, no significa que puedas tener una mala actitud al respecto. Es importante aprender a hacer todas las cosas sin quejarse ni discutir.

Querido Dios, ayúdame a hacer las cosas sin quejarme. Amén.

¿Te quejas cuando te piden que hagas algo?

4 DE JULIO

La obra de Dios

Contemplo el cielo, y la luna
y las estrellas que tú mismo hiciste.
SALMOS 8:3 TLA

¿Alguna vez te has parado en la playa y mirado el océano? ¿Has mirado las estrellas en el cielo nocturno? ¿Has visto una montaña enorme?

Dios creó todas estas cosas grandes. ¡También te creó a ti! El amor de Dios por ti es más grande que cualquier cosa que puedas ver. Él hizo tantas cosas maravillosas, pero a ti es a quien más ama.

Querido Dios, gracias por amarme tanto aun cuando me siento insignificante. Amén.

¿Qué te ayuda a recordar el amor de Dios?

Confía en el amor de Dios

Nosotros sabemos cuánto nos ama Dios y hemos puesto nuestra confianza en su amor. Dios es amor.

1 JUAN 4:16 NTV

Silas estaba emocionado por el campamento este año. Había tantas cosas divertidas por hacer. Sabía que se lo pasaría muy bien, pero también estaba un poco preocupado. A veces, por la noche, extrañaba mucho a su mamá y a su papá. Le ayudaba recordar que el campamento no duraría mucho y que los volvería a ver pronto.

No puedes ver a Dios, pero sabes que Él te ama. Él cumplirá sus promesas contigo.

Querido Dios, gracias por tu amor. Amén.

¿Cómo puedes confiar en el amor de Dios?

Un buen amigo

Traten de entenderse los unos a los otros.

1 PEDRO 3:8 NTV

Pedro estaba enojado con su amigo Braulio. Braulio lo había ignorado todo el día en la escuela. Parecía que ya no quería ser su amigo. Al día siguiente, cuando Pedro le preguntó al respecto, Braulio le contó que su familia había recibido malas noticias y que estaba muy triste. Pedro se sintió mal por haberse enojado con Braulio. Deseó haberle preguntado antes si algo estaba mal.

Dios quiere que pienses en cómo se sienten los demás. Cuando haces esto, haces que tus amigos se sientan amados.

Querido Jesús, ayúdame a ser amable. Amén.

¿Cómo puedes entender mejor a las personas?

Paso a paso

«Lamento haber hecho rey a Saúl, pues se ha apartado de mí y no ha llevado a cabo mis instrucciones».

1 SAMUEL 15:11 NVI

Saúl fue un rey en la Biblia que dejó de escuchar a Dios. Dios lo eligió para que fuera rey. Pero con el tiempo, Saúl decidió hacer todo a su manera.

Cada día puedes elegir obedecer a Dios. No es algo que se hace una sola vez. Sigue pidiéndole a Dios que te muestre lo que está bien.

Querido Dios, quiero seguirte cada día y no hacer las cosas a mi manera. Amén.

¿Estás escuchando a Dios?

Confianza extrema

Por la fe, Noé recibió una advertencia de Dios sobre algo que aún no se podía comprobar. Respetó la advertencia de Dios y construyó un barco muy grande para salvar a su familia.

HEBREOS 11:7 NTV

Dios le pidió a Noé que hiciera algo increíble: construir un gran barco cuando nunca había llovido en la tierra. Noé quizá no entendió por qué, pero aun así escuchó a Dios.

Cuando empezó a llover, Noé se alegró de haber obedecido. Le costó tener mucha fe no entenderlo. Dios quiere que le obedezcas y confíes en que Él sabe más.

Querido Dios, ayúdame a escucharte incluso cuando no entiendo. Amén.

¿Te resulta difícil hacer algo cuando no sabes por qué?

Huye del orgullo

El orgullo lleva a la deshonra,
pero con la humildad viene la sabiduría.

PROVERBIOS 11:2 NTV

Darío buscó por todas partes su zapato perdido. Cuando su mamá le preguntó si había mirado debajo de la cama, le gritó: «¡Ya miré ahí!». Ella lo acompañó en silencio a su habitación y miró debajo de la cama. Agarró el zapato, y Darío se sintió mal.

El orgullo hizo que Darío le gritara a su mamá. No quería admitir que se había equivocado. En lugar de ser orgulloso, prepárate para admitir que te equivocaste.

Querido Dios, por favor ayúdame a aprender de mis errores. Amén.

¿Se te hace difícil aprender de los demás?

10 DE JULIO

Un corazón tierno

«¡Oh SEÑOR, te suplico que oigas mi oración!».

NEHEMÍAS 1:11 NTV

Jaime y Ricardo no se llevaban bien. Parecía que solo discutían y peleaban. Cuando estaban juntos, intentaban llevarse bien, pero nunca terminaban bien.

¿Sabías que Dios puede cambiar los corazones? Nada es demasiado difícil para Él. Él puede convertir al abusador más grande en un amigo.

Querido Dios, por favor haz mi corazón amable y sensible para con los demás. Amén.

¿A quién necesitas amar hoy?

Sé bondadoso siempre

No devuelvan mal por mal ni insulto por insulto.
Al contrario, devuelvan bendición.

1 Pedro 3:9 DHH

Manuel y Coriano estaban jugando un videojuego después de la escuela. Cuando Manuel ganó, presumió de ello y dijo algunas cosas desagradables. Coriano quiso gritarle, pero en su lugar, le ayudó a limpiar el cuarto y le agradeció a Manuel por dejarlo jugar con él.

Las palabras son poderosas. Pueden herir o sanar.

Querido Dios, enséñame a controlar mis palabras cuando estoy herido o molesto. Amén.

¿Cómo puedes ser bueno cuando estás molesto?

12 DE JULIO

Compartir sentimientos

Si alguno está alegre, alégrense con él;
si alguno está triste, acompáñenlo en su tristeza.
ROMANOS 12:15 TLA

Damián tuvo un día difícil en la escuela. Al llegar a casa, su mamá notó que estaba de mal humor. Le preparó un refrigerio y se sentó con él a la mesa. Le frotó la espalda y lo escuchó. Se mostró tranquila y amable al verlo triste.

¿Le organizó la mamá de Damián una fiesta cuando estaba triste? ¿Se comportó de forma tonta o le dijo que se animara? Una forma de amar a los demás es practicar la manera en cómo ellos se sienten.

Querido Dios, quiero amar a los demás como tú los amas. Amén.

¿Hay alguien a quien puedas consolar ahora mismo?

13 DE JULIO

Tenis con arena

Confía en el SEÑOR con todo tu corazón;
no dependas de tu propio entendimiento.
PROVERBIOS 3:5 NTV

Jun y su familia iban a dar un paseo en coche. Se puso las zapatillas. Su madre le pidió que usara chanclas, pero él no quiso. Cuando llegaron a una playa de arena, Jun se entristeció al tener solo zapatillas. Ahora sus zapatos estarían llenos de arena. La madre de Jun intentó prepararlo para la playa. Pero él no le hizo caso.

Dios ve lo que tú no puedes ver. Él sabe más de tu vida que tú. Tiene sentido hacer lo que Él dice.

Querido Dios, tú sabes más que yo. Ayúdame a hacer lo que tú me pides. Amén.

¿Cómo puedes mejorar en escuchar?

Amor que permanece

Nada podrá jamás separarnos del amor de Dios.

ROMANOS 8:38-39 NTV

La vida está llena de cosas nuevas. Nuevos cursos. Nuevos hermanitos. Nuevos maestros. Nuevas casas. Nuevos amigos. A veces, las cosas nuevas pueden dar miedo.

Cuando otras cosas cambian en tu vida, el amor de Dios por ti sigue igual. Nada puede separarte de su amor. ¡Es mucho mejor de lo que imaginas!

Querido Jesús, gracias por tu amor que nunca me abandona. Amén.

¿Qué hay de nuevo en tu vida ahora?

El camino de Dios

«Te enseñaré y te mostraré el camino;
te estaré observando y seré tu guía».

SALMOS 32:8-9 NTV

Carlos jugaba a seguir al líder con su hermano mayor. Se abrían paso por el bosque detrás de su casa. Todo lo que hacía su hermano, lo hacía él. Nunca le preocupaba equivocarse ni perderse.

Así es como puedes estar con Dios. Puedes seguirlo y confiar en todo lo que hace porque Él sabe lo que es mejor para ti.

Querido Dios, sé que tus planes son buenos. Ayúdame a seguirte. Amén.

¿Cómo puedes ser un buen seguidor de Jesús?

16 DE JULIO

Mucho con poco

«Pero ¿cómo podremos encontrar comida para tanta gente?».

MATEO 15:33-34 DHH

Jesús tomó un poco de pan y pescado y alimentó a miles de personas. Hizo un milagro delante de todos. Todos los que lo vieron supieron que Dios era poderoso y que los cuidaría.

Jesús también puede hacer grandes cosas por ti. Él puede convertir tu pequeña fe en algo grande.

Querido Jesús, gracias por hacer cosas grandes y hermosas. Amén.

¿Qué peticiones Dios te ha contestado últimamente?

Sigue así

Así que no nos cansemos de hacer el bien.

GÁLATAS 6:9 NTV

Las plantas tardan en crecer. Remueves la tierra, siembras las semillas y las riegas. Las semillas también necesitan mucho sol. Crecen despacio, pero si las cuidas bien, crecerán.

Conocer a Dios también toma tiempo. Pasa tiempo con Él todos los días y lo conocerás cada vez más. Habla con Dios, lee tu Biblia y tu fe crecerá.

Querido Dios, ayúdame a ser paciente mientras te conozco. Amén.

¿Qué puedes hacer para acercarte más a Dios?

18 DE JULIO

Da todo lo que tienes

«...pero ella, con lo pobre que es, dio todo lo que tenía».

LUCAS 21:4 NTV

Santi recogió una bolsa entera de dulces en el desfile. Era la mayor cantidad de dulces que había tenido en su vida. La bolsa casi se desbordó. Su hermanita le rogó que le diera un trocito. Él apartó la bolsa y dijo: «¡No! ¡Es mía!». Aunque tenía muchos, no quería compartir ni un trocito.

A Dios no le importa cuánto tengas ni cuánto des. Lo que más le importa es tu corazón. Quiere que seas generoso, tanto si tienes poco como si tienes mucho.

Querido Dios, ayúdame a ser generoso. Amén.

¿Qué puedes darle a Dios hoy?

La mejor noticia

Dios nos hace justos a sus ojos
cuando ponemos nuestra fe en Jesucristo.

ROMANOS 3:22 NTV

La familia de André estaba en una fila de autos. Esperaban entrar a su parque nacional favorito para un día de senderismo. Al llegar a la caseta, el hombre les dijo que la entrada era gratis. Normalmente habría que pagar, pero hoy no había costo.

Gracias a Jesús, tienes un boleto gratis para estar con Dios. Deberías pagarlo tú mismo, pero Jesús lo pagó por ti. ¡Esta es una buena noticia!

Querido Jesús, ayúdame a recordar todo lo que has hecho por mí. Amén.

¿Cómo te hace sentir la Buena Noticia?

Nueva

Aprendieron a renovar su forma de pensar
por medio del Espíritu.
EFESIOS 4:23 NTV

Jayson estaba nervioso. Hoy tuvo que hablar delante de toda su clase por primera vez. Justo al empezar, se le confundieron las palabras y pensó que iba a llorar. Su maestro se arrodilló a su lado y le preguntó si quería empezar de nuevo. La siguiente vez le fue mucho mejor.

¿Alguna vez has querido empezar de nuevo? Así es seguir a Jesús. Cuando lo invitas a entrar en tu corazón, Él te permite empezar de nuevo.

Querido Jesús, gracias por hacerme nuevo. Amén.

¿Te sientes como si volvieras a empezar de nuevo?

21 DE JULIO

Como para Dios

Cuando hagan cualquier trabajo,
háganlo de todo corazón.

COLOSENSES 3:23 NTV

Piensa en todo lo que haces en un día. Te vistes, haces la cama, te cepillas los dientes. Aprendes, juegas con tus amigos, ayudas a tu familia. Y lo haces muy bien.

Cuando hagas la cama, dale gracias a Dios por darte una cama calientita para dormir. Cuando juegues con tus amigos, sé amable. Dios se complace cuando das lo mejor de ti en todo.

Querido Dios, ayúdame a dar lo mejor de mí en todo lo que hago. Amén.

¿Cómo puedes dar siempre lo mejor de ti?

La creación de Dios

Porque desde la creación del mundo
las cualidades invisibles de Dios...
se perciben claramente.

ROMANOS 1:20 NVI

La naturaleza te enseña sobre Dios. Mira todas las cosas asombrosas que Él creó: un gran cielo lleno de estrellas, un océano profundo con peces grandes y pequeños, montañas altas que llegan hasta las nubes.

La tierra está llena de cosas maravillosas que Dios hizo, ¡como tú! ¿Hay flores floreciendo? ¿Están naciendo animales bebés? Sal a caminar con tu familia y observa.

Querido Dios, gracias por este mundo tan hermoso que creaste para que lo disfrute. Amén.

¿Qué es lo que más te gusta de la naturaleza?

Palabras poderosas

El SEÑOR tan solo habló y los cielos fueron creados.
Sopló la palabra, y nacieron todas las estrellas.

SALMOS 33:6 NTV

Danny estaba sentado en su habitación desordenada. Deseaba poder decir: «¡Que haya un robot!». Entonces, un robot aparecería y limpiaría su habitación. Tal vez, al terminar, podría decir: «¡Que haya pizza para cenar!». Una pizza con queso aparecería frente a él. ¡Sería genial!

¿Te imaginas si pudieras crear cosas solo con tus palabras? Así de poderosas son las palabras de Dios; ¡así creó el universo! ¿No es asombroso?

Querido Dios, gracias por crear el mundo por tu palabra. Amén.

¿Cómo puedes alabar a Dios con tus palabras?

24 DE JULIO

Conoce su amor

SEÑOR, tu fiel amor llega hasta el cielo,
tu fidelidad hasta las nubes.

SALMOS 36:5 NTV

El amor de Dios es más grande de lo que puedes entender. Puedes aprender más sobre ello y aun así no entenderlo del todo. Es más alto que el cielo. Es más grande que el espacio. No se acaba nunca.

El amor de Dios puede cambiar tu vida. Puede hacer que te sientas mejor. Puede darte esperanza. Puede darte valentía. ¡Su amor es muy grande!

Querido Dios, gracias por tu gran amor por mí. Me hace sentir muy especial. Amén.

¿Cómo te ayuda el amor de Dios?

Lugar seguro

Confíen siempre en Dios, cuéntenle todos sus problemas, Dios es nuestro refugio.

SALMOS 62:8 NTV

Mientras Jorge paseaba con su familia, empezó a llover. ¡Pronto estaban todos empapados! Buscaron un lugar donde esconderse. Había un refugio para picnic cerca. Corrieron hacia él y esperaron allí hasta que dejó de llover.

Dios es como un refugio contra la lluvia. Es un lugar seguro donde esconderse cuando hay tormenta.

Querido Dios, gracias por ser mi lugar seguro. Amén.

¿Qué tan seguro te sientes con Dios?

26 DE JULIO

Trabajo duro

Si trabajas duro, sacarás provecho,
pero si no haces más que hablar sólo tendrás miseria.

PROVERBIOS 14:23 NTV

Bartolo tenía mucha tarea que hacer. Pasó mucho tiempo diciéndole a su madre que no quería hacer nada. Para cuando empezó a trabajar, había perdido mucho tiempo.

Cuando hay que hacer algo, no puedes simplemente hablar de ello. Tienes que hacerlo. Quejarse solo alargará el trabajo. En lugar de perder el tiempo, simplemente hazlo.

Querido Dios, ayúdame
a hacer un buen trabajo.
Amén.

¿Qué tienes para hacer hoy?

Cosas nuevas

He aprendido a estar satisfecho en cualquier situación en que me encuentre.

FILIPENSES 4:11 NVI

Benicio fue a la fiesta de cumpleaños de Carlitos. Carlitos recibió un coche de carreras genial como regalo. Benicio no podía dejar de pensar en ello. Deseaba muchísimo uno igual. Ya no estaba contento con sus juguetes. Nada parecía tan genial como ese coche.

Recibir algo nuevo puede parecer que te hará feliz, pero pronto querrás algo más. Es mejor aprender a ser feliz con lo que tienes.

Querido Dios, enséñame a estar feliz con lo que tengo. Amén.

¿Por qué tienes que agradecer hoy?

28 DE JULIO

Siempre agradecido

Den gracias a Dios en cualquier circunstancia.

1 TESALONICENSES 5:18 TLA

Manny estaba triste. Se suponía que iba a ir con su mejor amigo a un parque acuático, pero en lugar de eso tuvo que quedarse en casa porque había una tormenta. Su mamá le recordó que la tierra necesitaba la lluvia y que podrían ir al parque al día siguiente.

Incluso cuando las cosas no salen como esperabas, puedes practicar la gratitud. Siempre hay algo por lo que estar agradecido.

Querido Dios, ayúdame a ser agradecido cuando esté triste. Amén.

¿De qué manera puedes ser agradecido?

Sabiduría

Acumula verdad y sabiduría, disciplina y entendimiento, ¡y no los cambies por nada!

PROVERBIOS 23:23 TLA

Tener sabiduría es saber lo que está bien y entonces hacerlo. Cuando un amigo quiere que digas una mentira, lo sabio es decir la verdad. Cuando quieres pegarle a tu hermano, lo sabio es alejarte.

Si necesitas sabiduría, Dios puede dártela. Solo tienes que pedírsela. Él no oculta cosas. Siempre está listo para ayudarte.

Querido Dios, gracias por enseñarme lo que está bien. Amén.

¿Qué decisiones sabias tomaste esta semana?

Teme al Señor

Qué afortunado es el que teme al SEÑOR
y le gusta mucho hacer lo que él manda.

SALMOS 112:11 NTV

Esteban estaba leyendo su Biblia cuando vio las palabras «teme al Señor». Estaba confundido. No quería temerle a Dios. ¿Acaso Dios no lo amaba? No entendía el significado de esas palabras.

Temer al Señor significa saber que Él es mucho más poderoso que cualquier persona o cosa. Puedes confiar en Él porque sabe lo que es mejor para ti.

Querido Dios, enséñame a temerte y confiar en ti. Amén.

¿Cómo puedes confiar en el cuidado de Dios?

Lo que es bueno

Ustedes dicen: «Se me permite hacer cualquier cosa», pero no todo les conviene.

1 CORINTIOS 6:12 NTV

¡Camilo estaba tan emocionado! Hoy, por primera vez, pudo quedarse despierto más allá de su hora de dormir. ¡No podía esperar! ¿Vería una película? ¿O comería muchos bocadillos? ¡Quizás jugaría videojuegos durante horas!

Cuanto más mayor te haces, más libertad tienes. Pero solo porque puedas hacer algo, no significa que debas hacerlo. Pídele a Dios que te ayude a tomar buenas decisiones.

Querido Dios, ayúdame a tomar sabias decisiones hoy. Amén.

¿De qué manera Dios te ayuda a tomar buenas decisiones?

Le pedimos [a Dios] que, con su poder, cumpla todo lo bueno que ustedes desean.

2 Tesalonicenses 1:11 TLA

El Espíritu Santo

«Cuando venga el Espíritu de verdad,
él los guiará a toda la verdad».

JUAN 16:13 NTV

Sam se sentó en su primera clase de karate. Escuchó lo que decía el maestro. Cuando llegó el momento de moverse, copió lo que hacía su maestro. Sin el maestro, Sam estaría perdido. No podría aprender karate por sí solo.

Si estás aprendiendo algo nuevo, probablemente tengas un maestro que te muestra el camino. Cuando decides seguir a Jesús, el Espíritu Santo vive en tu corazón. Él es quien te enseña a vivir.

Querido Espíritu Santo, enséñame a seguirte y hacer lo que es correcto. Amén.

¿En qué cosas necesitas la ayuda del Espíritu Santo?

Ora todo el tiempo

Oren en todo momento.

1 Tesalonicenses 5:17 TLA

Si no pudieras hablar con tu papá, y él no pudiera hablar contigo, sería difícil tener una buena relación. Hablando es como aprendes sobre las personas en tu vida.

Cuando oras, estás hablando con Dios. Puedes hablar con Él de cualquier cosa. Puedes contarle tus preocupaciones, agradecerle por las cosas buenas de tu vida y pedirle lo que necesitas. ¡A Dios le encanta cuando hablas con Él!

Querido Dios, ayúdame a recordar que puedo hablar contigo siempre. Amén.

¿Cuántas veces has hablado con Dios hoy?

Dios sabe

SEÑOR, examina mis sentimientos
y pon a prueba mis pensamientos más profundos.
SALMOS 26:2 NTV

En el parque, Xavier se peleó con un amigo. Cuando su mamá le preguntó, intentó explicarle lo sucedido, pero no le salió nada bien. Se sintió confundido.

Dios siempre conoce la historia completa. Él sabe lo que piensas y lo que sientes. Él puede ayudarte a comprender tus sentimientos y enseñarte a tomar buenas decisiones.

Querido Dios, tú conoce mi corazón. Dime lo que debo hacer. Amén.

¿De qué manera Dios puede ayudarte cuando te sientes confundido?

4 DE AGOSTO

Buenos ejemplos

Tengan en cuenta a sus líderes
que les enseñaron el mensaje de Dios.
HEBREOS 13:7 NTV

A Riqui le encantaba pasar tiempo con su abuelo. Sabía muchísimo de herramientas. Podía arreglar cualquier cosa. Riqui aprendía algo nuevo cada vez que estaba con él. No solo hablaban de construir cosas; su abuelo también hablaba mucho de Jesús.

Dios siempre pondrá personas en tu vida para enseñarte. Si prestas atención, puedes aprender algo de las personas que te rodean.

Querido Dios, gracias por ponerme con personas que son buenos ejemplos. Que pueda aprender de ellos. Amén.

¿A quién consideras un maestro en tu vida?

5 DE AGOSTO

Cosas grandes

«El que confía en mí hará lo mismo que yo hago».

JUAN 14:12 TLA

Jesús hizo cosas asombrosas durante su vida. Resucitó a los muertos, sanó a los enfermos e hizo que los que se sentían solos se sintieran bienvenidos. Jesús dijo que, si crees en Él, tú también puedes hacer esas cosas.

A Dios le gusta hacer cosas buenas. Puedes orar para que Él haga cosas buenas en tu vida, y Él lo hará. Busca maneras en las que puedas ser como Jesús para otros.

Querido Jesús, gracias por las cosas asombrosas que haces. Amén.

¿Cómo puedes ser como Jesús hoy?

Las oraciones de un hijo

La oración de una persona buena es muy poderosa, porque Dios la escucha.

SANTIAGO 5:16 TLA

El papá de Teo pidió un voluntario para orar durante el tiempo en familia. Teo estaba nervioso. No sabía qué decir ni cómo. ¿Y si confundía las palabras y todos se reían de él?

Tus oraciones son poderosas y fuertes. Que seas joven no significa que Dios te escuche menos. Dios escucha cada oración, incluso si no sabes qué decir. Él nunca se reirá de ti.

Querido Dios, gracias porque puedo hablar contigo. Amén.

¿Por quién puedes orar hoy?

Cara a cara

Ahora vemos todo como el reflejo tenue de un espejo oscuro, pero cuando llegue lo perfecto, nos veremos con Dios cara a cara.

1 CORINTIOS 13:12 NTV

¿Alguna vez has intentado ver a través de una ventana empañada? No se puede ver con claridad. Conocer a Dios se parece un poco a mirar a través de una ventana empañada. No se le puede ver con los ojos humanos.

Nadie sabe exactamente cómo es Dios. Un día lo verás cara a cara en el cielo, pero hasta entonces puedes conocerlo mirando a Jesús.

Querido Dios, muéstrame más de ti cada día. Amén.

¿Qué has aprendido acerca de Dios?

Pide ayuda

Los planes fracasan cuando no se consultan,
pero tienen éxito cuando se pide
consejo a los que saben.

PROVERBIOS 15:22 NTV

Juan quería construir una casa en el árbol. Lo intentó, pero no salió como lo había imaginado. No podía usar las herramientas grandes sin ayuda. No podía levantar las tablas grandes solo.

Si Juan hubiera dejado que alguien lo ayudara, la casa en el árbol habría quedado mucho mejor. Solo necesitaba pedir ayuda. La Biblia dice que pedir ayuda es bueno. Un equipo puede lograr mucho más que una persona sola.

Querido Dios, enséñame a pedir ayuda en lugar de hacer las cosas solo. Amén.

¿Con qué puedes pedir ayuda hoy?

Vida eterna

«El que cree en mí vivirá, aunque muera».

JUAN 11:25 NVI

La familia de Marvin estaba teniendo un día horrible. Su perro, Capitán, murió y todos estaban muy tristes. Era el mejor perro, y despedirse fue muy difícil.

La muerte es algo horrible. Puede sentirse intensa, aterradora y confusa. La muerte da menos miedo si sigues a Jesús porque sabes que vivirás para siempre con Él. Cuando Jesús murió en la cruz, se aseguró de que la muerte no fuera el final.

Querido Jesús, ayúdame a recordar que puedo vivir eternamente por tu muerte en la cruz. Amén.

¿Cómo crees que será vivir eternamente?

Mucho tiempo

[Dios] nos eligió por amor antes de la creación del mundo para que fuéramos su pueblo santo.

EFESIOS 1:14 NTV

¿Recuerdas algo que hiciste el año pasado? ¿Y hace dos años? ¿O hace cinco? Puede que parezca muchísimo tiempo. ¡Quizás sea casi toda tu vida!

Dios te ha amado por mucho más tiempo. ¡Te amó cuando aún estaba creando la Tierra!

Querido Dios, gracias por amarme incluso antes de que el mundo existiera. Amén.

¿Cómo el amor eterno de Dios te hace sentir?

Un corazón contento

¡En tu presencia soy muy feliz!

SALMOS 16:11 TLA

Piensa en el momento en el que fuiste más feliz. ¿Con quién estabas? ¿Qué hacías? Hay personas que hacen que sintamos el corazón grande, lleno de amor y contento.

La Biblia dice que Dios puede hacer que nuestros corazones estén contentos. Cuando estás cerca de Dios, Él llena tu corazón de alegría y paz. Cada día puede ser un buen día cuando estás cerca de Dios.

Querido Dios, gracias por llenarme de alegría. Amén.

¿Qué te hace estar contento?

12 DE AGOSTO

Dios de toda gracia

Dios mismo, el Dios de toda gracia que los llamó a su gloria eterna en Cristo, los restaurará y los hará fuertes, firmes y estables.

1 PEDRO 5:10 NVI

Josué estaba teniendo un día difícil. Nada parecía salirle bien. Se cayó y se raspó la rodilla. Se peleó con su hermana. Perdió su tarea y no le gustó la cena. Esperaba que mañana fuera mejor.

Tener un mal día es parte de la vida. Dios puede darte lo que necesitas para superarlo. Él siempre tiene gracia para ti.

Querido Dios, cuando tenga problemas, ayúdame a acudir a ti. Amén.

¿Qué harías si tuvieras un día difícil?

El amor todo lo soporta

El amor acepta todo con paciencia. Siempre confía.
Nunca pierde la esperanza. Todo lo soporta.

1 CORINTIOS 13:7 NTV

Dani estaba cansado de limpiar su habitación. No creía poder recoger ni una sola cosa más del suelo. Cuando se quejó con su madre, ella le dijo que tendría que aguantar y terminar el trabajo. Lo que quería decir era que no podía rendirse.

La Biblia dice que el amor todo lo soporta. Esto significa que nunca se da por vencido. Incluso cuando pasas por algo difícil, el amor de Dios nunca te abandonará.

Querido Dios, te agradezco porque tu amor todo lo soporta. Amén.

¿Cómo el amor de Dios te hace sentir?

El canto de Dios

Tu Dios está contigo… con cantos de alegría
te expresará la felicidad que le haces sentir.

SOFONÍAS 3:17 TLA

Zacarías se preparaba para ir a dormir. Mientras se cepillaba los dientes, oía a su mamá en la habitación de al lado. Ella mecía a su hermanita para que se durmiera y le cantaba una canción que solía cantarle. Su voz era dulce y su canción hacía que Zacarías se sintiera amado.

La Biblia dice que Dios canta sobre ti. Él canta una canción alegre porque te quiere mucho. Quiere que sepas que estás a salvo y que eres amado.

Querido Dios, gracias por cantarme. Amén.

¿Qué crees que Dios te está cantando?

Dios demuestra su amor

Dios mostró el gran amor que nos tiene
al enviar a Cristo a morir por nosotros
cuando todavía éramos pecadores.

ROMANOS 5:8 NTV

Cristóbal estaba triste. Su mamá se acercó y se sentó a su lado en el sofá. Lo abrazó y le leyó su libro favorito. Las acciones de su mamá demostraron que lo amaba.

De la misma manera, Dios no solo dice que te ama. Te lo demuestra con sus acciones. Porque envió a Jesús a la tierra para morir por tus pecados, así conoces el amor que Dios tiene por ti.

Querido Dios, gracias por enviar a Jesús para enseñarme lo mucho que me amas. Amén.

¿Qué hace que te sientas amado?

16 DE AGOSTO

Dios te creó

Tú hiciste todo mi ser... desde que me hiciste tomar forma en el vientre de mi madre.

SALMOS 139:13 NTV

Imagina construir una casa, pintar una obra maestra o armar un robot. Todo eso sería difícil de hacer incluso si alguien te enseñara cómo. ¡Tu cuerpo es aún más complejo!

Las personas pueden hacer muchas cosas, pero solo Dios puede crearlas. Él creó cada parte de ti. Él unió todas las piezas a la perfección. Él te ama por completo.

Querido Dios, gracias por hacerme especial y diferente a los demás. Amén.

¿Qué te hace sentir especial sobre la forma en que Dios te creó?

Justo y honesto

La sabiduría que viene del cielo es,
ante todo, pura.
SANTIAGO 3:17 NTV

José estaba jugando al juego simulador de tiros con sus amigos. Un niño fue tocado muchas veces, pero seguía diciendo que no lo habían pillado. Pronto todos se pelearon por quién tenía la razón. El juego no salió bien porque los niños no eran justos ni honestos.

Siempre puedes pedirle ayuda a Dios cuando no sabes qué hacer. Cuando no estás de acuerdo con tus amigos, Dios puede ayudarte a actuar de manera justa y honesta.

Querido Dios, quiero ser honesto con mis palabras y acciones. Amén.

¿Cuándo fue la última vez que le pediste ayuda a Dios?

No hables mal

...que no hablen mal de nadie,
vivan en paz con los demás...

TITO 3:2 NTV

El vecino de Andrés no era muy amable. Era cruel con Andrés cada vez que lo veía. Un día, Andrés le dijo a su hermana: «Lo odio». Que alguien no sea amable no significa que debas ser cruel con él.

Dios quiere que seas amable con todos. Tus palabras son importantes. No importa lo que pienses de alguien, siempre debes hablar con amabilidad de esa persona.

Querido Dios, ayúdame a respetar a los demás, incluso cuando no me caen bien. Amén.

¿Cómo puedes tratar a las personas con respeto?

Espera con esperanza

Cobra ánimo y ármate de valor,
¡pon tu esperanza en el SEÑOR!

SALMOS 27:14 NVI

Mateo ansiaba que llegara su cumpleaños. Estaba tan emocionado. Era difícil esperar, pero sabía que su cumpleaños llegaría. No tenía que preguntarse si sucedería o no.

Esperar puede ser difícil, pero es más fácil cuando sabes que algo bueno viene. Puedes estar emocionado porque sabes que Jesús definitivamente regresará algún día.

Querido Dios, gracias por tu tiempo perfecto. Ayúdame mientras espero. Amén.

¿Cuán difícil se te hace esperar?

20 DE AGOSTO

No te quedes callado

¿Quién me ayudó a luchar contra los perversos?
¿Quién estuvo a mi lado para luchar
contra los que hacen el mal?

SALMOS 94:16 NTV

Willy estaba jugando en el recreo. Vio a un niño siendo cruel con su amigo Héctor. Willy se acercó y le dijo: «Oye, eso no está bien». Usó sus palabras para defender a su amigo.

Es bueno defender lo que es correcto. Cuando veas a alguien siendo cruel, puedes alzar la voz y decir: «Eso no está bien». Sé amable y defiende la verdad, como lo hizo Jesús.

Querido Jesús, ayúdame a defender lo que es correcto. Amén.

¿Qué puedes hacer si ves a alguien siendo cruel?

Da gracias

La gente de todo el mundo…
se maravilla con tus obras.
SALMOS 65:8 NTV

Benny sintió el cálido sol en la cara. Una suave brisa le alborotó el pelo y su perro ladró mientras corrían juntos por el patio. ¡Era un día perfecto!

Las maravillas de Dios están en todas partes. Si las buscas, las encontrarás. Tómate un tiempo para observar lo que Dios ha hecho a tu alrededor hoy. Dale gracias por todas las cosas hermosas que ha creado.

Querido Dios, gracias por todo lo que has hecho. Amén.

De todo lo que Dios ha creado, ¿cuál es tu favorito?

Dios se da cuenta

Padre de los huérfanos, defensor de las viudas...
Dios ubica a los solitarios en familias.

SALMOS 68:5-6 NTV

Eric y su familia disfrutaban de un día en el parque. Su mamá y su hermano estaban en los columpios. Eric y su papá jugaban a la pelota. Después de unos minutos, su papá dijo que tenía que parar. Se acercó a los toboganes y se sentó junto a la hermana de Eric, que estaba llorando. Un buen padre se da cuenta cuando uno de sus hijos está triste.

A Dios le encanta cuidar de las personas cuando nadie más lo nota. Él siempre está ahí cuando lo necesitas.

Querido Dios, gracias por cuidarme bien. Amén.

¿De qué manera puedes cuidar de otros hoy?

Palabras sencillas

No [dejes] que el mundo te corrompa.

SANTIAGO 1:27 NTV

Dios hace las cosas sencillas. Dice que amemos a las personas y no hagamos las cosas malas que otras personas en el mundo hacen.

Si cumples todas las normas, pero no eres amable, te estarás perdiendo lo que Dios quiere que hagas. Lo que hay en tu corazón importa. Cómo tratas a los demás importa.

Querido Dios, ayúdame a seguir viviendo para ti. Amén.

¿Cómo puedes mantenerte puro?

24 DE AGOSTO

El mismo Jesús

Todos los creyentes se dedicaban a las enseñanzas de los apóstoles.

HECHOS 2:42 NTV

A Ian y Jaime les gustaba buscar formas en las nubes. Ian vio una nube que parecía un pájaro. Jaime pensaba que parecía un dragón. A veces, las personas ven la misma cosa de manera diferente.

Tú sigues a Jesús igual que hacen otras personas, pero Él hace cosas diferentes para cada uno. Pídele a tu familia que te diga lo que Dios ha hecho por ellos.

Querido Dios, gracias porque puedo aprender de aquellos que me rodean. Amén.

¿Qué te enseñan los demás acerca de Jesús?

Palabras amables

La paciencia vence toda resistencia.
La cortesía vence toda oposición.

PROVERBIOS 25:15 TLA

Beto y Paulo jugaban juntos. A Beto no le gustaba cómo jugaba Paulo. Él le gritó, y Paulo le devolvió el grito. Se quedaron allí, gritándose. Así no se jugaba.

Cuando quieres compartir lo que piensas, gritar no ayuda. Solo agrava el problema. Las palabras amables son mejores. Tu arma más poderosa es una palabra suave y gentil.

Querido Dios, ayúdame a hablarle a los demás de manera amable. Amén.

¿Cómo puedes practicar usando palabras amables?

26 DE AGOSTO

La ayuda de Dios

Mi ayuda viene de Dios,
creador del cielo y de la tierra.

SALMOS 121:2 TLA

Jeremías no podía dormir. Estaba cansado, pero su mente estaba ocupada. Se cubrió con la manta y comenzó a orar. Le pidió a Dios que lo ayudara a descansar. Le contó todas sus preocupaciones y pronto se durmió.

¿Le pides ayuda a Dios cuando la necesitas? Él creó el cielo y la tierra con solo unas palabras. Él puede ayudarte hoy con lo que necesites.

Querido Dios, gracias por ser mi ayuda. Amén.

¿Con qué necesitas la ayuda de Dios?

Cada mañana es nueva

Dios nos tiene compasión… cada mañana
se renuevan su gran amor y su fidelidad.
LAMENTACIONES 3:22-23 TLA

León se fue a dormir triste. Tuvo un día difícil y sentía que todos sus problemas eran muy grandes. Al despertar, brillaba el sol y se sintió mucho mejor.

Cada día es un nuevo comienzo. Aunque ayer fue duro, hoy es un nuevo día. Puedes entregarle a Dios todas tus preocupaciones y empezar de nuevo. Él te ama muchísimo.

Querido Dios, gracias por una nueva oportunidad cada mañana. Amén.

¿Cómo puedes comenzar cada día con Dios?

28 DE AGOSTO

Seguir con fe

Fue por la fe que Abraham obedeció
cuando Dios lo llamó para que dejara su tierra
y fuera a otra que él le daría por herencia.

HEBREOS 11:8 NVI

Pedro siguió a su padre por el bosque. Iban de excursión hacia una cascada. Pedro no tenía ni idea de dónde estaba ni cómo llegarían. Su padre conocía el camino, así que Pedro lo siguió. Nunca le preocupó que se perdieran.

Abraham tampoco sabía adónde iría, pero sabía que podía seguir a Dios. Eso es lo que Dios quiere que hagas. Incluso cuando no entiendas, escucha a Dios.

Querido Dios, ayúdame a confiar en ti y a seguirte. Amén.

¿Cómo puedes seguir a Dios hoy?

Fe

Nadie puede agradar a Dios si no tiene fe.

HEBREOS 11:6 NTV

Roberto miró por la ventana y vio el día lluvioso. El cielo estaba gris. Aunque lloviera todo el día, Roberto sabía que el sol volvería a salir. Tenía fe en que brillaría otro día.

La fe significa creer en algo incluso cuando no puedes verlo. Es como saber que el sol sigue ahí incluso cuando está nublado. Puedes tener la misma fe en Dios. Incluso cuando no puedes verlo, Él siempre está contigo.

Querido Dios, ayúdame a tener una fe firme. Amén.

¿Crees de verdad que Dios está contigo?

Escucha

Hijo mío, escúchame y haz lo que te digo,
y tendrás una buena y larga vida.
PROVERBIOS 4:10 NTV

Sam pateaba una pelota en su patio trasero. Creyó oír a su mamá llamarlo, así que dejó de jugar. La oyó de nuevo y corrió a casa. Sabía que cuando ella lo llamaba, él debía responder.

Es importante escuchar a Dios de la misma manera. Si prestas atención, oirás su voz.

Querido Dios, ayúdame a escucharte y hacer lo que dices. Amén.

¿Cómo puedes escuchar a Dios?

Juntos

«Porque donde se reúnen dos o tres en mi nombre,
yo estoy allí en medio de ellos».

MATEO 18:20 NTV

Jonás y su hermana solían pelear en el coche. Discutían por juguetes y se insultaban. A su madre no le gustaba nada que hicieran eso. Jonás decidió que intentaría ser amable con su hermana en su próximo viaje.

A los padres les encanta que sus hijos se lleven bien. Cuando los niños son amables entre sí, les trae alegría. Dios también es así con sus hijos. Le encanta que trabajen juntos y practiquen la bondad.

Querido Dios, ayúdame a ser amable con todos. Amén.

¿Por qué a Dios le gusta que te lleves bien con los demás?

SEPTIEMBRE

Sean valientes. Sean fuertes.
Y hagan todo con amor.

1 CORINTIOS 16:13-14 NTV

Sentimientos de culpa

El malvado huye, aunque nadie lo persiga;
pero el justo vive confiado como un león.

PROVERBIOS 28:1 NVI

Carlos estaba solo en la cocina. En silencio, abrió el bote de las galletas justo cuando entró su papá. «¡Yo no fui!», gritó. Carlos sabía que no debería estar comiendo galletas a escondidas. Se sentía culpable.

La culpa puede ponerte nervioso. Puede perseguirte y hacerte pensar en lo que hiciste mal. Decir la verdad es ser valiente. Dios puede encargarse de tus errores. Sé valiente y di la verdad. Dios te quitará la culpa.

Querido Dios, ayúdame a decir la verdad cuando me porto mal. Amén.

¿Qué puedes hacer cuando te sientas culpable?

2 DE SEPTIEMBRE

Dios cuida de todos

¡Qué grande es la riqueza, la sabiduría
y el conocimiento de Dios!
ROMANOS 11:33 NTV

Jimmy tenía muchos hermanos y hermanas. ¡Eran siete niños en su familia! A veces veía a su mamá y a su papá cuidar de todos y se preguntaba cómo lo hacían. Eran tan buenos sabiendo lo que cada uno necesitaba.

Cuidar de una familia numerosa es un trabajo duro. ¡Imagínense cuántos hijos tiene Dios que cuidar! Él es perfecto para el trabajo. Él sabe lo que todos necesitan.

Querido Dios, gracias por ser un buen padre. Amén.

¿De qué maneras Dios ha cuidado de ti?

Fuerte y valiente

«Yo estaré contigo como estuve con Moisés. No te fallaré ni te abandonaré. Sé fuerte y valiente».

JOSUÉ 1:5-6 NTV

Dios le pidió a Moisés que hiciera cosas valientes como dejar su casa, hablar con un líder enojado, y hacer milagros. Moisés tenía miedo, pero Dios prometió estar con él. Después le prometió a Josué que estaría con él cuando le pidió que hiciera cosas valientes.

¡Dios estará contigo también! Aunque algo parezca una locura y dé miedo, puedes confiar en Dios. Él te dará lo que necesitas. Sé valiente y obedece a un Dios asombroso.

Querido Dios, ayúdame a ser valiente y hacer lo que me pidas. Amén.

¿Cuándo fue la última vez que fuiste valiente?

4 DE SEPTIEMBRE

Dios descansó

Cuando llegó el séptimo día, Dios ya había terminado su obra de creación, y descansó de toda su labor.

GÉNESIS 2:2 NTV

Juan abrió los ojos y miró su reloj. Eran las dos de la tarde y acababa de despertarse de una siesta. Había jugado en la playa toda la mañana y estaba muy cansado. Se alegró de haberse tomado el tiempo para descansar.

A veces el cuerpo necesita un descanso. Es bueno descansar cuando uno se siente cansado. Incluso Dios descansó después de terminar su creación.

Querido Dios, ayúdame a darle a mi cuerpo el descanso que necesita. Amén.

¿Cuáles son algunas maneras de descansar?

De tu parte

¿Qué diremos frente a esto?
Si Dios está de nuestra parte,
¿quién puede estar en contra nuestra?
ROMANOS 8:31 NVI

Imagina que estás en una pelea y el Capitán América aparece para ayudarte. ¡Sabrías con seguridad que ganarías! Serías valiente y fuerte porque tienes a un superhéroe de tu lado.

Confiar en Dios es así. Nada es demasiado difícil para Dios.

Querido Dios, creo que eres lo suficientemente fuerte como para ayudarme con mis problemas. Amén.

¿Hay algún problema en el que necesites la ayuda de Dios?

Poder y alegría

Hay esplendor y majestad ante su presencia;
poder y alegría en su templo santo.

1 CRÓNICAS 16:27 NTV

¿Alguna vez has pensado en lo feliz que es Dios? Él es alegre y bueno. Imagina a Dios con una enorme sonrisa en su rostro.

La Biblia dice que Dios tiene poder y alegría. Él es más grande y más fuerte de lo que crees. ¡Siempre está lleno de alegría!

Querido Dios, ¡me encanta que seas un Dios feliz! Amén.

¿Has pensado alguna vez en un Dios alegre?

Haz a los demás

«Haz a los demás todo lo que quieras que te hagan a ti».

MATEO 7:12 NTV

Jorge corrió por la cancha de fútbol. Su compañero se había caído y quería ayudarlo a levantarse. Jorge tuvo una mala caída en el partido de la semana pasada y sabía cómo se sentía. Quería ser un buen compañero cuando alguien más se lastimara.

Dios dice que tratemos a los demás como queremos que ellos nos traten. Si quieres que la gente sea amable contigo, entonces tú debes ser amable primero.

Querido Dios, gracias por ayudarme a amar bien a los demás. Amén.

¿Qué puedes hacer para que alguien se sienta amado?

Dios es fuerte

Entrégale tus cargas al SEÑOR,
y él cuidará de ti.
SALMOS 55:22 NTV

Wilson fue de excursión con su familia. Tenía calor, así que se quitó la chaqueta y le pidió a su papá que la llevara. Después de un rato, su botella de agua se sintió demasiado pesada. Le pidió a su papá que también la llevara. Su papá era fuerte. Estaba contento de poder ayudar.

Así es Dios. Él puede llevar lo que es demasiado pesado para ti. Las preocupaciones pesan en el corazón, pero no son demasiado pesadas para Dios.

Querido Dios, gracias por ser fuerte y ayudarme con mis preocupaciones. Amén.

¿Con qué necesitas que te ayuden?

Ama como Dios ama

Ya que Dios nos amó tanto, sin duda nosotros también debemos amarnos unos a otros.

1 JUAN 4:11 NTV

A Juan le encantaban sus autos. Jugaba con ellos todos los días. Uno era muy especial para él. ¿Te imaginas a Juan queriéndole tanto a alguien que le regalara este auto?

Esto es como lo que Dios hizo por ti. Dio a su Hijo, Jesús, para que pudieras conocerlo. Te amó tanto que te dio lo que era más especial para Él.

Querido Dios, gracias por amarme tanto. Amén.

¿Cómo puedes compartir el amor de Dios con otros?

Secretos

Dios... conoce los secretos de cada corazón.

SALMOS 44:21 NTV

Ramón tenía un secreto que contarle a su mamá. Una lámpara se rompió la semana pasada, y fue su culpa. Le echó la culpa al gato, pero había mentido. Cuando le contó la verdad a su mamá, ella lo sorprendió al decirle que ya sabía que había sido él.

No puedes ocultarle nada a Dios. Él ve los secretos de tu corazón y te ama pase lo que pase. No tengas miedo de decir la verdad.

Querido Dios, ayúdame a ser valiente y a decir la verdad. Amén.

¿Hay algún secreto que necesitas compartir?

Dios puede ayudar

El SEÑOR es el Dios eterno,
el Creador de toda la tierra.

ISAÍAS 40:28 NTV

Bengi estaba sentado en el coche con su papá. Cada dos minutos le hacía una pregunta diferente. «¿Ya llegamos?»; «¿Puedo comer algo?»; «¿Por qué se ve así ese árbol?». Al poco rato, su papá le pidió un momento de tranquilidad.

A veces los adultos nos cansamos de ayudar, ¡pero Dios nunca! Puedes preguntarle lo que quieras, siempre, y Él está dispuesto a ayudarte siempre.

Querido Dios, gracias por ayudarme. Amén.

¿Qué pregunta puedes hacerle a Dios hoy?

Obra en progreso

Dios empezó una buena obra entre ustedes
y la continuará hasta completarla
el día en que Jesucristo regrese.

FILIPENSES 1:6 NTV

Gabriel estaba haciendo una torre de cartón. La recortó, la coloreó y la armó. Algo no cuadraba del todo. Cambió algunas cosas y luego la volvió a mirar. Cuando terminó, se veía genial. Se alegró de no haberse dado por vencido.

Dios está trabajando en ti igual que Gabriel trabajaba en su proyecto de arte. Él no se rendirá contigo ni siquiera cuando cometas errores.

Querido Dios, gracias por amarme cada día. Amén.

¿Qué se siente saber que Dios está siempre obrando en ti?

Jesús ve

«Yo sé todo lo que haces; he visto tu amor,
tu fe, tu servicio y tu paciencia».
APOCALIPSIS 2:19 NTV

En la escuela, Dilan se aseguraba de que su escritorio estuviera limpio. Era amable con los demás niños en el recreo y se esforzaba al máximo en clase. Al final del año, la maestra le dio un premio. Le agradeció por ser un buen estudiante.

Dilan no sabía que la maestra lo estaba observando. Simplemente hacía lo que creía correcto. Dios sabe todo sobre lo que haces. Él lo ve todo y se alegra cuando haces lo correcto.

Querido Jesús, gracias por verme. Amén.

¿Por qué crees que Dios está orgulloso de ti?

Planes buenos

«Yo conozco los planes que tengo
para ustedes —afirma el SEÑOR—».

JEREMÍAS 29:11 NVI

Javier trajo con orgullo a su nueva cachorrita a casa. Se sentó con ella y pensó en todo lo que harían. La sacaría a pasear, le enseñaría trucos, jugaría a la pelota e iría a la playa. ¡Estaba tan emocionado de cuidarla!

Dios te creó. Si Javier puede hacer buenos planes para su cachorrita, imagina los planes que Dios tiene para ti. Eres su hijo y Él te ama muchísimo.

Querido Dios, gracias por planear cosas buenas para mí. Amén.

¿Qué planes tienes para tu futuro?

La alabanza ayuda

Alabaré al SEÑOR en todo tiempo;
a cada momento pronunciaré sus alabanzas.

SALMOS 34:1-2 NTV

Para cada problema hay una solución. Cuando estás cansado, descansas. Cuando tienes hambre, comes. Cuando hay un problema, puedes hablar con Dios y contárselo.

Cuando alabas a Dios, tu corazón se siente mejor. Puedes pasar de estar enojado a tener paz, o de tener miedo a ser valiente. Siempre hay una razón para darle gracias a Dios. Busca aquellas cosas por las que puedas darle gracias.

Querido Dios, gracias por cambiar mi corazón cuando te alabo. Amén.

¿Por qué estás agradecido ahora mismo?

A tu alrededor

Ciertamente ustedes han visto con sus propios ojos todas las maravillas que el SEÑOR ha hecho.

DEUTERONOMIO 11:7 NVI

Sam caminaba hacia el parque con su mamá. Estaba tan emocionado por llegar al parque que no se fijó en nada a su alrededor. Su mamá se detuvo para señalar un nido lleno de pajaritos. Si Sam hubiera estado mirando a su alrededor, también lo habría notado.

Cuando prestas atención a lo que te rodea, verás cosas hermosas. Prestar atención a lo que Dios está haciendo es así. Si prestas atención, verás las grandes obras de Dios en todas partes.

Querido Dios, ayúdame a ver lo que estás haciendo. Amén.

¿Qué cosas ves que Dios está haciendo a tu alrededor?

El regalo de una sonrisa

El corazón contento alegra el rostro.

PROVERBIOS 15:13 NTV

Amado estaba sentado en clase mientras su amigo Toni caminaba al frente. Era el turno de Toni de leer en voz alta. Parecía nervioso. Cuando levantó la vista, Amado le sonrió y le hizo un gesto de aprobación con el pulgar.

Una sonrisa es un regalo fácil de dar. Puede animar a un amigo y demostrarle que te importa. Hoy, intenta sonreírle a alguien que lo necesite.

Querido Dios, ayúdame a compartir la alegría con los demás. Amén.

¿Qué te hace sonreír?

Comparte la noticia

«Vayan por todos los países del mundo
y anuncien las buenas noticias a todo el mundo».
MARCOS 16:15 TLA

Alex acaba de enterarse de que su mamá va a tener un bebé. Estaba tan feliz. Siempre quiso ser un hermano mayor. Su mamá le dijo que podía compartir la noticia. ¡Quería contárselo a todo el mundo!

Cuando tienes buenas noticias, es difícil guardárselas para uno mismo. El amor de Jesús es la mejor noticia. ¡Compártelo con todos!

Querido Dios, ayúdame a compartir la buena noticia de Jesús con los demás. Amén.

¿Qué puedes compartir con los demás de lo que Dios ha hecho?

Búsqueda del tesoro

Te daré riquezas depositadas en lo oculto
y tesoros escondidos en sitios secretos.

ISAÍAS 45:3 NTV

Emanuel miró el mapa que tenía en la mano mientras caminaba por el jardín. Lo siguió hasta cada pista y al final recibió un premio. Era una cajita llena de monedas brillantes. Su abuelo le había organizado una búsqueda del tesoro, ¡y a Emanuel le encantó!

El amor de Dios es el mayor tesoro de todos. Sus bendiciones son como esas monedas brillantes. Él tiene regalos maravillosos para darte. Solo tienes que pedirlos.

Querido Dios, ayúdame a recordar que eres el mejor tesoro que existe. Amén.

¿Qué cosas buenas te da Dios?

Mira a Jesús

—Ven —dijo Jesús. Pedro bajó de la barca
y caminó sobre el agua en dirección a Jesús.
MATEO 14:29 NVI

Tito estaba aprendiendo a correr en bicicleta. Se miró los pies para ver si lo hacía bien. Perdió el equilibrio y se cayó. Al volver a subirse a la bicicleta, fijó la vista en el camino y esta vez llegó mucho más lejos.

Tito estaba preocupado por algo equivocado. Para seguir adelante, necesitaba mantener la vista al frente. Seguir a Jesús es así. Mantén la vista fija en Él en lugar de otras cosas.

Querido Dios, quiero ser valiente y mirarte a ti. Amén.

¿Qué puedes hacer para seguir mirando a Jesús?

21 DE SEPTIEMBRE

Débil y fuerte

«Cuando eres débil, mi poder se hace más fuerte en ti».

2 CORINTIOS 12:9 NTV

Martín y su hermano apilaban leña en su patio trasero. Colocaban cuidadosamente cada pieza en la pila. Cuando se cansaron, le pidieron ayuda a su papá. Al salir, ¡llevó seis piezas a la pila a la vez! Martín estaba impresionado con lo fuerte que era su papá.

Dios es más fuerte que tú. Cuando estás débil y cansado, Dios puede mostrarte lo fuerte que es.

Querido Dios, cuando me sienta débil, ayúdame a pedirte ayuda. Amén.

¿Con qué necesitas la ayuda de Dios hoy?

Diferentes y hermosos

...gente de todas las naciones, familias, razas y lenguas.

APOCALIPSIS 7:9 NTV

Las personas son de todo tipo de tallas y colores de piel. Ninguno es mejor que otro. Dios hizo a cada persona diferente. Eres especial para Dios sin importar cuál sea tu aspecto.

Un día, todos adorarán a Dios juntos. No importará el idioma que hables. Dios ama a todas las personas hermosas que creó. Él quiere que tú también ames a todos.

Querido Dios, gracias por hacer a las personas diferentes y hermosas. Amén.

¿En qué cosas eres diferente a tus amigos?

Dios el experto

«Mis caminos y mis pensamientos
son más altos que los de ustedes».

ISAÍAS 55:9 NVI

Harry intentaba construir una pajarera. Por mucho que lo intentara, no conseguía que las tablas se quedaran donde quería. Menos mal que su padre era un carpintero experto. Corrió a la casa y le pidió ayuda. ¡Trabajaron juntos y quedó genial!

¡Es maravilloso conocer a un experto! El padre de Harry era la persona perfecta para el trabajo. Lo mismo ocurre con Dios. Él es experto en todo. ¡Es el más fuerte, el más inteligente y el mejor en todo!

Querido Dios, tú eres la mejor ayuda que tengo. Amén.

¿De qué cosa te alegras porque Dios está en control?

24 DE SEPTIEMBRE

Trabaja duro

El perezoso desea, pero no consigue;
el que trabaja duro logra lo que quiere.

PROVERBIOS 13:4 NTV

Rigoberto vivía en una granja. Le encantaba estar rodeado de todos los animales, pero también era mucho trabajo. Ayudaba a su padre a apilar heno, llenar cubos de agua y limpiar los establos. Trabajaban duro y, al final del día, disfrutaban de paseos a caballo, huevos frescos y leche de sus propias vacas. Su arduo trabajo valió la pena.

Trabajar duro es bueno. Es bueno para la mente y el cuerpo. Cuando haya que hacer un trabajo, sé el tipo de persona que lo hace bien sin quejarse.

Querido Dios, ayúdame a trabajar duro siempre sin quejarme. Amén.

¿En qué puedes trabajar duro hoy?

La luz de Jesús

«Que haya luz en la oscuridad».

2 Corintios 4:6 NTV

Elías entró en su habitación a buscar sus zapatos. Todo estaba oscuro. Encendió la luz. Ahora podía verlo todo. Nada estaba oculto, y fue fácil encontrar lo que buscaba.

Cuando Jesús entra en tu corazón, lo llena de luz. Nada está oculto. Su luz disipa la oscuridad.

Querido Dios, gracias por tu luz. Amén.

¿Cómo la luz de Jesús te cambia?

Alabanza y gratitud

Alabe al SEÑOR todo lo que él ha creado,
todo lo que hay en su reino.
SALMOS 103:22 NTV

Piensa en cuán bueno es Dios. Todo lo que se te ocurra es una razón para alabarlo. Puedes darle gracias a Dios por todas las cosas buenas que hay en tu vida. Cuando le das gracias, lo alabas.

Puedes encontrar cosas buenas dondequiera que estés. En la escuela tienes maestros sabios. En la casa tienes una familia que te ama. En la iglesia tienes amigos. ¡Alaba al Señor!

Querido Dios, gracias por todo lo que has creado. Muéstrame cada día todo lo que haces. Amén.

¿Por qué estás agradecido hoy?

Nunca estás solo

«Enséñenles a obedecer todo lo que yo les he enseñado. Yo estaré siempre con ustedes, hasta el fin del mundo».

MATEO 28:20 TLA

Timoteo intentó dormirse, pero la hora de acostarse le costaba. No le gustaba estar solo. Quería estar con sus padres o sus hermanos todo el tiempo. Se sentía mejor cuando estaba con ellos.

A mucha gente no le gusta estar sola. La buena noticia es que Dios promete que siempre estará contigo. Eso significa que nunca estarás solo.

Querido Jesús, gracias por estar siempre conmigo. Amén.

¿Qué haces cuando te sientes solo?

Sé sincero

El SEÑOR detesta los labios mentirosos,
pero se deleita en los que dicen la verdad.
PROVERBIOS 12:22 NTV

A Set le encantaba engañar a su hermana. Le decía que tenía una araña en el pelo solo para verla enloquecer. Un día, vio una araña arrastrándose sobre ella. Intentó decírselo, ¡pero ella no le creyó! Estaba cansada de sus trucos.

Si mientes mucho, la gente no te creerá. Por eso siempre es mejor decir la verdad. Pídele a Dios que te ayude a decir la verdad. Él te enseñará a ser honesto.

Querido Dios, hazme valiente para escoger decir la verdad sobre la mentira. Amén.

¿Está correcto mentir?

Buenos maestros

Más vale ser reprendido con franqueza
que ser amado en secreto.
PROVERBIOS 27:5

Simón estaba sentado en su habitación. Estaba castigado por golpear a su hermana. Estaba muy enojado con su madre. ¿Por qué no podía dejarlo hacer lo que quisiera?

Los buenos padres educan a sus hijos. Es su deber corregirlos cuando hacen algo mal. Aunque ser disciplinado no es divertido, sería peor para Simón crecer pensando que podía golpear a la gente cuando quisiera.

Querido Dios, gracias por las personas que me enseñan lo que está bien y mal. Amén.

¿Cómo te sientes cuando te reprenden?

En la mañana

Me despierta todas las mañanas,
para que reciba sus enseñanzas
como todo buen discípulo.

ISAÍAS 50:4 TLA

Cada mañana, Jaime se despertaba y su mamá le preparaba el desayuno. Le llenaba el plato con comida saludable para que tuviera energía durante el día. Le decía que el desayuno es importante porque te ayuda a empezar bien el día.

Desayunar saludable por la mañana es bueno para el cuerpo. Dedicar tiempo a estar con Dios por la mañana es bueno para el corazón. Dedica unos minutos a orar y a agradecer a Dios por un nuevo día.

Querido Dios, ayúdame a seguirte hoy. Amén.

¿Te tomas el tiempo de pensar en Dios en la mañana?

OCTUBRE

Dios nuestro,
¡muéstranos tu bondad,
y bendice nuestro trabajo!

SALMOS 90:17 TLA

Oportunidades para crecer

Alégrense cuando tengan que enfrentar diversas dificultades.

SANTIAGO 1:2 NTV

El mejor amigo de José se mudaba. José estaba tan triste que no quería ir a ningún lado. No creía que volvería a hacer otro amigo. Su madre le prometió que estaría bien, pero él no estaba tan seguro.

Las cosas difíciles te dan la oportunidad de crecer. Siempre hay algo que aprender. Cuando pasen cosas difíciles, pídele ayuda a Dios. Él está de tu lado.

Querido Dios, gracias por ayudarme cuando pasan cosas difíciles. Amén.

¿Cómo puedes confiar en Dios cuando estás triste?

Paz para dormir

En paz me acostaré y dormiré,
porque solo tú, oh SEÑOR, me mantendrás a salvo.
SALMOS 4:8 NTV

Mason se despertó en la noche. Tuvo una pesadilla. Se sentía triste y solo en su cama. Respiró hondo y le pidió a Dios que lo ayudara. Sabía que Dios estaba cerca.

Dios promete que puedes acostarte y dormir en paz. Él te protegerá y te mantendrá a salvo. Cuando sientas miedo, recuerda que Dios está contigo. Habla con Él por la noche cuando estés en la cama.

Querido Dios, cuando tenga miedo, ayúdame a confiar en ti. Amén.

¿Hablas con Dios en la noche?

Perdidos para siempre

¡Aplastarás nuestros pecados bajo tus pies
y los arrojarás a las profundidades del océano!
MIQUEAS 7:19 NTV

Luis lanzó su pelota por el jardín. Cayó en un montón de hojas y no la encontró. Buscó y buscó, pero estaba perdida. ¿Dónde habría ido? Al fin y al cabo, su jardín no era muy grande.

¿Te imaginas intentar encontrar algo en lo más profundo del mar? Dios arroja tus pecados a lo más profundo del mar, donde nunca más se encontrarán.

Querido Dios, gracias por arrojar mis pecados a lo profundo del mar. Amén.

¿Le has pedido a Dios que perdone tus pecados?

Haz que Dios esté orgulloso

Vivan como hijos que pertenecen a la luz.
Traten de aprender qué es lo que agrada al SEÑOR.

EFESIOS 5:8, 10 NTV

A Eliseo le encantaba jugar al fútbol. Quería que su entrenador viera lo duro que trabajaba. Pasaba el balón, animaba a sus compañeros e intentaba marcar goles. Cuando su entrenador le decía: «¡Buen trabajo, Eliseo!», se sentía muy orgulloso de sí mismo.

Así como un buen entrenador ve a sus jugadores, Dios ve cuando intentas enorgullecerlo. Se da cuenta de tu amabilidad. Se da cuenta cuando obedeces a tus padres.

Querido Dios, gracias por tu Palabra. Ella me muestra cómo vivir para hacerte enorgullecerte. Amén.

¿Cómo puedes saber lo que Dios quieres que hagas?

5 DE OCTUBRE

Buenos amigos

«Las malas compañías corrompen el buen carácter».

1 CORINTIOS 15:33 NTV

Oliver hizo nuevos amigos en la escuela. A veces sus amigos eran groseros en clase. Pronto él también empezó a comportarse así. Quería que sus nuevos amigos pensaran que era genial.

Actúas como la gente con la que pasas la mayor parte del tiempo. Es importante elegir bien a tus amigos. Elige a personas que se comporten como tú quieres.

Querido Dios, ayúdame a ser un buen amigo y también a escoger buenos amigos. Amén.

¿Qué tipo de amigo quieres ser?

Palabras amables

Anímense y fortalézcanse unos a otros,
así como lo están haciendo ahora.
1 TESALONICENSES 5:11 NTV

Willy y su hermana esperaban el autobús. Ella tenía en la mano su último proyecto de arte. Willy le contó todo lo que le gustaba. Le contó lo mucho que trabajaba y que estaba seguro de que ganaría un premio en la feria de arte. Su hermana fue a la escuela con una gran sonrisa.

Empieza a buscar maneras de ser amable. Tus palabras son importantes y es bueno usarlas para hacer sonreír a la gente.

Querido Dios, ayúdame ser amable y animar a otros. Amén.

¿Con quién puedes ser amable hoy?

Repasa tus pasos

Pensaré en todas las obras que has realizado;
meditaré en todo eso.

SALMOS 77:12 NTV

Teddy y su papá salieron a caminar por el bosque. Prestaron atención a todo lo que los rodeaba. Pasaron junto a un árbol amarillo brillante y luego un tronco con hongos. Cuando se desviaron del sendero, esas dos cosas les ayudaron a encontrar el camino de regreso.

Si alguna vez te sientes perdido, recuerda lo que Dios hizo por ti en el pasado. Dios te ayudará a volver al camino correcto.

Querido Dios, gracias por todas las cosas buenas que has hecho en mi vida. Amén.

¿Qué buenos recuerdos tienes de Dios?

Ama como Dios

«Amen a sus enemigos y oren
por quienes los persiguen».

MATEO 5:44 NVI

Cuando Armando oraba antes de acostarse, enumeraba a todos sus amigos y familiares. Aunque no quería, Armando también le pidió a Dios que bendijera a un chico de la escuela que lo trataba mal.

Aun cuando es difícil, es bueno orar por quienes te han lastimado. La oración ayuda a que tu corazón se mantenga lleno de amor en lugar de estar enojado.

Querido Dios, ayúdame a orar por las personas que son crueles conmigo. Amén.

¿Has orado por personas que han sido crueles contigo?

Tus oraciones

Me arrodillo para orar ante el Padre,
de quien toda familia en el cielo
y en la tierra recibe su verdadero nombre.

Efesios 3:14-15 NTV

Enrique ganó un concurso y conoció a su jugador de béisbol favorito. ¡No podía creer que pudiera hablar con él cara a cara! ¡Qué emocionante!

Si hablar con alguien famoso es emocionante, piensa en lo genial que es poder hablar con Dios. Puedes hablar con el Creador de todo el universo. Puedes decirle lo que quieras y siempre te escuchará.

Querido Dios, gracias porque siempre puedo hablar contigo. Amén.

¿Has hablado con Dios hoy?

Malas decisiones

En vez de lo bueno que quiero hacer,
hago lo malo que no quiero hacer.

ROMANOS 7:19 TLA

La hermana de Rafael arruinó la fortaleza que él construyó. En lugar de decírselo a su madre, la empujó y le gritó.

A veces puedes hacer algo que sabes que está mal. La Biblia dice que es normal sentirse así. Rafael tomó la decisión equivocada y lo sabía. Cuando cometas errores, pide perdón y admite que hiciste algo mal. Dios puede ayudarte a corregirlo.

Querido Dios, ayúdame a pedir perdón cuando haga las cosas mal. Amén.

¿Qué puedes hacer cuando tomes una mala decisión?

Busca al Señor

Busqué al SEÑOR y él me respondió;
me libró de todos mis temores.

SALMOS 34:4 NVI

Randy tenía dificultades con las matemáticas en la escuela. Cuando pedía ayuda, su maestra era amable. No lo hacía sentir mal por no saber qué hacer.

Dios te ayuda de la misma manera. Cuando le pides ayuda, Él nunca te hace sentir mal. Él sabe que estás aprendiendo. Pídele ayuda cuando la necesites.

Querido Dios, gracias por estar ahí cuando te necesito. Amén.

¿Pides ayuda cuando la necesitas?

La voz de Dios

Me di prisa, no me tardé
a obedecer tus mandamientos.
SALMOS 119:60 NTV

Noé estaba jugando con sus amigos cuando escuchó a su mamá llamar: «¡Es hora de cenar!». Noé dejó de jugar y se fue a casa. Conocía la voz de su mamá y la escuchó cuando lo llamó.

Conoces la voz de tu mamá porque has estado con ella toda tu vida. Tú también puedes conocer la voz de Dios. Cuanto más tiempo pases con Él, más sabrás cómo suena.

Querido Dios, ayúdame a escuchar tu voz hoy. Amén.

¿Cómo puedes llegar a reconocer la voz de Dios?

13 DE OCTUBRE

Mantente cerca

«Huirán de él porque no conocen su voz».

JUAN 10:5 NTV

Rilo estaba en el centro comercial con su familia. Había mucha gente, pero Rilo no se perdió porque siempre miraba hacia arriba para ver si su familia estaba cerca. Les prestaba atención.

Así es como puedes seguir a Jesús. Puedes mantenerte cerca de Él leyendo la Biblia, orando y hablando de Él con otras personas.

Querido Dios, ayúdame a mantenerme cerca de ti cada día. Amén.

¿Cómo puedes mantenerte cerca de Jesús hoy?

Sentarse juntos

Job tenía tres amigos. Cuando supieron todo lo malo que le había sucedido a Job, se pusieron de acuerdo para ir a consolarlo.

JOB 2:11 TLA

Kike fue a casa de Miguel a jugar. Miguel estaba teniendo un día muy difícil. Kike se sentó con él y jugó un juego tranquilo. No corrieron como de costumbre.

A veces, ser un buen amigo significa prestar atención a cómo se sienten los demás. No siempre puedes arreglarle el día a alguien, pero puedes mantenerte cerca de esa persona. Al igual que los amigos de Job, puedes consolar a tus amigos estando cerca.

Querido Dios, ayúdame a ser un buen amigo. Amén.

¿Qué puedes hacer cuando alguien a quien amas está teniendo un día malo?

Mañana

No presumas hoy de lo que piensas hacer mañana;
¡nadie sabe lo que traerá el futuro!

PROVERBIOS 27:1 TLA

Celín le presumió a su hermano que ganaría su partido de fútbol. Cuando el partido se canceló por el mal tiempo, se sintió ridículo.

Dios dice que no presumas del mañana. Quiere que pienses en lo que haces hoy. Cuando te preocupas o presumes del mañana, pierdes el tiempo que tienes hoy.

Querido Dios, gracias por el día de hoy. Amén.

¿En qué necesitas pensar hoy?

Pequeños comienzos

No menosprecien estos modestos comienzos.

ZACARÍAS 4:10 NTV

Gabriel quería ser artista cuando fuera mayor. Dedicaba todo su tiempo libre a dibujar. Tenía mucho que aprender. Mejoraba cada día.

Todo gran sueño empieza pequeño. Puede que no parezca importante, pero son los pequeños pasos los que te llevan a donde quieres estar. Un artista no crea una obra maestra a la primera. No te rindas cuando tus sueños parezcan lejanos.

Querido Dios, ayúdame a seguir adelante cuando quiera rendirme Amén.

¿Qué cosas pequeñas puedes hacer hoy?

Dar y quitar

«El SEÑOR dio y el SEÑOR quitó.
Alabado sea el nombre del SEÑOR».

JOB 1:21 NTV

A Morgan le encantaba el verano. Podía jugar al aire libre todo el día, nadar y trasnochar. También le encantaba el invierno porque podía esquiar, andar en trineo y hacer muñecos de nieve.

Cada estación tiene algo bueno si lo buscas. Puedes agradecer a Dios en cada estación. Sea un buen día o un día difícil, siempre hay motivos para estar agradecido.

Querido Dios, gracias por las cosas buenas que trae cada día. Amén.

¿Qué es lo que más te gusta de las diferentes estaciones?

Amor por todas partes

El SEÑOR me muestra su fiel amor todos los días.
Por la noche yo le canto y elevo
una oración al Dios que me dio la vida.

SALMOS 42:8 NTV

Los padres de Gabriel lo amaban. Le demostraban su amor de muchas maneras. Su mamá le daba muchos abrazos. Su papá jugaba a la pelota con él. Le preparaban la cena. Se aseguraban de que tuviera ropa que le quedara bien.

Dios también demuestra su amor de muchas maneras. Él hace que el sol brille sobre la tierra. Envía lluvia para regar las plantas. Envía amigos cuando los necesitas. Si te fijas, verás muchas maneras en que Dios demuestra su amor.

Querido Dios, gracias por tu amor. Amén.

¿Dónde ves el amor de Dios a tu alrededor?

Roca firme

SEÑOR, tú eres mi roca; eres quien me salva.
Deseo que te complazca todo lo que digo y pienso.

SALMOS 19:14 NTV

A Brian le encantaba estar junto al mar. Su parte favorita era saltar sobre las grandes rocas de la orilla. Por mucho que saltara, las rocas bajo sus pies no se movían.

Dios es como esas rocas. Es fuerte y firme. Puedes confiar en Él porque es inconmovible. Estás seguro cuando estás con Dios.

Querido Dios, gracias por ser firme como una roca. Amén.

¿Hay algo que pueda mover a Dios?

Tipos de adoración

Alaba su nombre con danza,
y acompáñala con panderetas y arpas.
SALMOS 149:3 NTV

A Samuel le encantaba correr. Lo hacía sentir feliz y vivo. Cuando corría, le gustaba agradecer a Dios por tener piernas que lo llevaban a donde quisiera ir.

¿Sabías que hacer lo que más te gusta puede ser adorar a Dios? Cuando eres feliz siendo quien Dios te creó para ser, Dios también es feliz.

Querido Dios, ayúdame a alabarte en todo lo que haga. Amén.

¿Cómo puedes adorar a Dios hoy?

21 DE OCTUBRE

El sumo sacerdote

Él fue tentado tal como somos tentados nosotros,
con la única diferencia de que él nunca cometió pecado.

HEBREOS 4:15 NTV

En la Biblia, el sumo sacerdote era la única persona que podía acercarse a Dios hasta que Jesús murió por nuestros pecados. Entonces, Él se convirtió en el sumo sacerdote.

Jesús fue un bebé, después un niño, y después un hombre. Sabe lo que es crecer siendo humano. Sabe cómo te sientes porque Él también lo sintió. Puede enseñarte a vivir de la mejor manera.

Querido Dios, gracias por entenderme. Amén.

¿En qué momentos le pides ayuda a Jesús?

22 DE OCTUBRE

No juzguen

«No juzguen a los demás, y no serán juzgados».

MATEO 7:1 NTV

La hermana de Juan derramó cereal por todas partes. «Siempre es tan desordenada», le dijo a su mamá. Al salir de la cocina, tiró accidentalmente un vaso de agua. Lo ensució aún más que su hermana.

Es fácil juzgar a la gente demasiado rápido. Juan estaba tan ocupado pensando en los errores de su hermana que no vio los suyos. Preocúpate por ti mismo y deja que Dios se preocupe por los demás.

Querido Dios, ayúdame a preocuparme de mis propias acciones. Amén.

¿Alguna vez juzgaste a alguien muy rápido?

Él puede hacerlo

Él puede hacer mucho más de lo que jamás podríamos pedir o imaginar.

EFESIOS 3:20 NTV

El padre de Natán era ingeniero. Cuando Natán necesitó ayuda con su proyecto de ciencias, le pidió ayuda. Sabía que su padre era un experto.

Pedirle ayuda a Dios es muy parecido. Sabes que Dios es fuerte y capaz. ¡Claro que tiene sentido pedirle ayuda!

Querido Dios, ¡quiero creer que puedes hacer cosas grandes! Amén.

¿Por qué asunto grande estás orando?

Acepta a los demás

Acéptense unos a otros,
tal como Cristo los aceptó a ustedes,
para que Dios reciba la gloria.

ROMANOS 15:7 NTV

Guillo lanzó la pelota de baloncesto al aire. La pelota golpeó el aro y rebotó. Su amigo se rio de él. Guillo se enojó y gritó algo cruel.

Nadie es perfecto. Todos cometemos errores, y Dios perdona rápidamente. Él es bondadoso contigo, y tú deberías ser bondadoso con los demás.

Querido Dios, enséñame a aceptar y amar a otros aun cuando comentan errores. Amén.

¿Perdonas a los demás tan rápido como Dios te perdona?

25 DE OCTUBRE

Tus dones

Hay diferentes clases de dones espirituales, pero todos vienen del mismo Espíritu.

1 CORINTIOS 12:4 NTV

Ramón dibujaba muy bien. Su hermano era un genio en los deportes. Su madre era profesora de piano. Su padre podía arreglar cualquier cosa, y su hermana era paciente con los animales.

Dios da dones a todos sus hijos. Tú tienes dones especiales que Dios te ha dado. Si se lo pides, Él te ayudará a descubrir qué te hace especial.

Querido Dios, ayúdame a ver cuán especial me has hecho. Amén.

¿Cuáles dones crees que tienes?

Lo más importante

«¿Y qué beneficio obtienes si ganas el mundo entero pero pierdes tu propia alma?».

MARCOS 8:36 NTV

Tomás corrió por el patio contra su hermano. Tenía muchas ganas de ganar. Cuando se acercaron a la meta, Tomás empujó a su hermano al suelo. No se sintió tan bien como él esperaba. Ganar la carrera no valía la pena si hacía trampa y lastimaba a su hermano.

Hacer lo correcto es más importante que ganar. Si ganas siendo cruel, tu victoria no se sentirá muy bien. Es mejor ser amable que ser el mejor.

Querido Dios, quiero hacer lo correcto. Ayúdame a ser amable. Amén.

¿Alguna vez has hecho lo incorrecto para ganar?

Palabras de vida

Las palabras suaves son un árbol de vida.

PROVERBIOS 15:4 NTV

Benito tenía un árbol grande en su jardín al que le gustaba subirse. Las ardillas corrían por el tronco y los pájaros hacían nidos en sus ramas. El árbol era un lugar de descanso y aventura.

Las palabras suaves son como ese árbol. Pueden hacer que las personas se emocionen. Las palabras amables pueden dar descanso como la sombra en un día caluroso. Habla vida.

Querido Dios, ayúdame a escoger palabras amables y suaves. Amén.

¿Qué puedes decirle a alguien que está triste?

La grandeza de Dios

Dios truena con su voz en forma maravillosa,
haciendo grandes cosas que no podemos entender.

JOB 37:5 NTV

¿Puedes explicar exactamente cómo funciona la luz? ¿O cómo se formaron las montañas? ¿Puedes explicar cómo cae la lluvia o cómo algunas criaturas pueden vivir en las profundidades del océano?

Dios es realmente bueno haciendo cosas asombrosas. No le fue difícil crear la tierra y los cielos. Tampoco le es difícil ayudarte.

Querido Dios, ayúdame a confiar en ti. Yo sé que puedes hacer cosas maravillosas. Amén.

¿Qué cosas maravillosas ha hecho Dios por ti?

29 DE OCTUBRE

Tú puedes ayudar

Cuiden a los necesitados que hay en el pueblo de Dios. Busquen y reciban en su casa a los que necesitan ayuda.

ROMANOS 12:13 NTV

Rafael tomó su almuerzo y fue a comer con su amigo Elías. El almuerzo de Elías era pequeño. Aún tenía hambre después de que se lo hubiera terminado todo. Rafael tenía más de lo que podía comer. Compartió su almuerzo con Elías.

Nunca eres demasiado joven para ayudar a los demás. Puedes compartir lo que tienes. Cada vez que eres amable, les muestras a las personas cuánto las ama Dios.

Querido Dios, muéstrame cómo puedo compartir lo que tengo con los demás. Amén.

¿Qué puedes hacer para ayudar a alguien hoy?

Practica ser sabio

Tengan cuidado de cómo se comportan.
Vivan como gente que piensa lo que hace,
y no como tontos.

EFESIOS 5:15 TLA

Basilio y su hermano corrieron a la sala para la noche de cine familiar. Basilio estaba a punto de sentarse en el mejor asiento, pero se detuvo. Pensó en cómo le gustaría a su hermano sentarse allí. Esta vez, le ofreció el asiento.

Una forma de practicar la sabiduría es pensar antes de hacer algo. Piensa en tu decisión antes de tomarla.

Querido Dios, ayúdame a detenerme y pensar antes de tomar decisiones. Amén.

¿Piensas antes de actuar?

Mejores decisiones

¡De nada me sirvió hacer el bien
y evitar los malos pensamientos!

SALMOS 73:13 TLA

El amigo de David hizo trampa en su examen de matemáticas. Obtuvo una calificación perfecta. David había estudiado mucho y le había ido bien, pero no era perfecto. Tenía celos de su amigo. No era justo.

David hizo lo correcto. Se esforzó al máximo, y eso era lo que importaba. Puede ser difícil ver a alguien haciendo algo malo y saliéndose con la suya. Incluso cuando la gente no se da cuenta, Dios ve tus decisiones.

Querido Dios, solo quiero hacer lo que es correcto. Amén.

Cuando las cosas no son justas, ¿sigues creyendo que Dios está en control?

Entrega al SEÑOR todo lo que
haces; confía en él,
y él te ayudará.

SALMOS 37:5 NTV

1 DE NOVIEMBRE

Apoya a los demás

Los fuertes en la fe debemos apoyar a los débiles.

ROMANOS 15:1 NVI

A Jeyson le encantaba leer, pero le costaba. Cuando se atascaba, su hermana mayor se sentaba con él y lo ayudaba. Nunca lo hacía sentir mal por no entender. Era amable.

La hermana de Jeyson lo apoyó. Leía mejor que Jeyson, así que lo ayudó. Usó su talento para demostrarle a su hermano que lo quería. Tú puedes hacer lo mismo.

Querido Dios, muéstrame cómo apoyar a los que me rodean. Amén.

¿Cómo puedes apoyar a alguien hoy?

Voz en la oscuridad

Cuando te desvíes a la izquierda o a la derecha,
oirás una voz detrás de ti diciéndote:
«Por ahí es el camino, sigue por él».

ISAÍAS 30:21 NTV

Amós recorrió la tienda de dulces con su mamá. ¡Había cubos de dulces por todas partes! ¿Alguien se daría cuenta si se metía solo uno en el bolsillo? Tenía muchas ganas, pero una vocecita en su interior le decía que era mala idea.

¿Alguna vez te ha advertido una vocecita? Esa vocecita es el Espíritu Santo. Él te ayuda a tomar buenas decisiones.

Querido Dios, ayúdame a escuchar tu voz y seguir tus instrucciones. Amén.

¿Sabes cómo escuchar la voz de Dios?

Espíritu nuevo

Nuestro cuerpo se envejece y se debilita,
pero dentro de nosotros nuestro espíritu
se renueva y fortalece cada día.

2 CORINTIOS 4:16 NTV

La bisabuela de Andrés siempre sonreía. Tenía 95 años, pero le gustaba decirles a todos que era joven por dentro. Aunque su cuerpo era viejo, su espíritu era joven.

Tu espíritu es la parte de ti que vive para siempre. Aunque tu cuerpo envejezca, tu espíritu no. Dios lo renueva cada día.

Querido Dios, gracias por renovarme cada nuevo día. Amén.

¿Le has pedido a Dios que renueve tu espíritu?

Listo para contar

Estén siempre preparados para responder a todo el que pida razón de la esperanza que hay en ustedes.

1 PEDRO 3:15 NVI

Diego amaba mucho a Dios. Le gustaba hablar de lo que aprendía en la iglesia. Cuando sus amigos le hacían preguntas, hacía todo lo posible por hablarles de Dios.

Cuando Dios es importante para ti, se nota. Puede que la gente te pregunte al respecto. No debes tener miedo de sus preguntas. Puedes compartir cuánto los ama Dios.

Querido Dios, ayúdame a compartir de ti con los demás. Amén.

¿Alguien te ha hecho preguntas acerca de Dios?

Escondite

Pues tú eres mi escondite;
me proteges de las dificultades.
SALMOS 32:7 NTV

Cuando Tony quería estar solo, se metía en su armario. Tenía un rincón con mantas y almohadas. Allí se sentía seguro. Al final de un largo día, le gustaba estar en su escondite.

Dios puede ser tu escondite. Él te protege y te mantiene a salvo. Siempre está ahí para ti. Cuando acudes a Él, te dará lo que necesitas.

Querido Dios, gracias por ser un buen escondite. Amén.

¿Cuál es tu escondite?

6 DE NOVIEMBRE

Sé un ayudador

Anda y haz tú lo mismo.

LUCAS 10:37 TLA

Charlie vio a una niña pequeña caerse de las barras del trapecio. Su amigo también lo notó y dijo: «Seguro que está bien. Vamos a jugar». En lugar de hacerle caso a su amigo, Charlie se acercó y ayudó a la niña a levantarse.

Dios quiere que ayudes a los demás. Cuando veas a alguien que se ha hecho daño, lo correcto es detenerte y ayudarle.

Querido Dios, enséñame a ser un buen ayudador para los demás. Amén.

¿Qué haces cuando alguien se lastima?

Injusticia

No te enojes por causa de los que prosperan
ni por los que hacen planes malvados.

SALMOS 37:7 TLA

Joel sabía que su hermano robaba galletas a escondidas. Joel estaba celoso. Él también quería galletas, pero sabía que estaba mal.

A veces la gente hace cosas malas y consigue lo que quiere. Es duro ver esto. La Biblia dice que cuando esto sucede, debes ser paciente. Dios se encargará de ello al final. No es tu trabajo arreglar lo que no es justo.

Querido Dios, ayúdame a recordar que tú siempre sabes qué es lo mejor. Amén.

¿Cómo puedes practicar ser paciente?

Dar gracias

Den gracias al SEÑOR, porque él es bueno;
su fiel amor durará por siempre.

1 CRÓNICAS 16:34 NTV

Mateo intentó orar antes de acostarse. Empezó a dar gracias a Dios por todas las cosas buenas de su vida. ¡La lista de personas y bendiciones parecía interminable!

Es bueno dar gracias a Dios todos los días. Puedes darle gracias por cosas importantes, como el aire que respiras, y por cosas pequeñas, como haber disfrutado de tu cereal favorito en el desayuno. Practica dar las gracias hoy.

Querido Dios, gracias porque siempre eres bueno. Amén.

¿Puedes hacer una lista de todo por lo que estás agradecido?

Tener fe

Lo que se puede ver, sólo dura poco tiempo.
En cambio, lo que no se puede ver, dura para siempre.
2 CORINTIOS 4:18 NTV

Mientras Berto caminaba a la escuela, le costaba subir la gran colina. Normalmente no era tan difícil, pero hoy hacía mucho viento. El viento lo empujaba y lo hacía caminar mucho más despacio. No podía ver el viento, pero sabía que estaba ahí.

El hecho de que no puedas ver algo no significa que no sea real. La fe es creer en lo que no puedes ver. Cuando sigues a Jesús, tienes que tener fe porque no puedes verlo con tus ojos.

Querido Dios, creo que tú eres real. Haz que mi fe sea firme. Amén.

¿Mantienes tu fe firme?

Aprende de los demás

Estamos rodeados por una enorme multitud de testigos.

HEBREOS 12:1 NTV

Jared y su familia iban a un viaje de esquí. Era la primera vez que Jared esquiaba, pero la mayoría de su familia ya había esquiado antes. Sabía que lo ayudarían. Sabía que no estaba solo.

Hay muchas personas que siguen a Dios desde hace más tiempo que tú. Siempre puedes pedir ayuda y fijarte en su ejemplo.

Querido Dios, gracias por cada persona que te sigue. Ayúdame a aprender de ellos. Amén.

¿De quién puedes aprender algo hoy?

Joven e importante

No permitas que nadie te desprecie por ser joven.

1 TIMOTEO 4:12 TLA

Fidel era el pequeño de la familia. No podía hacer algunas de las cosas que hacían sus hermanos mayores, pero siempre podía ser él mismo. Le encantaba contar chistes y hacerse el tonto. Le gustaba hacer reír a la gente.

Lo que de verdad importa no tiene nada que ver con la edad. Puedes ser tú mismo a cualquier edad. ¡Puedes ser la mejor versión de ti mismo!

Querido Dios, ayúdame a ser lo mejor que pueda ser no importa la edad. Amén.

¿Puedes ser feliz a pesar de tu edad?

Mostrar respeto

Respeten a todos.

1 PEDRO 2:17 NTV

Tommy le sonrió a su vecino. No siempre se llevaban bien, y en realidad no eran amigos. Aun así, Tommy intentaba ser amable con él porque quería ser respetuoso.

El respeto es tratar a los demás como uno quiere ser tratado. Se puede demostrar respeto usando palabras amables y siendo educado, sin importar con quién se hable.

Querido Dios, enséñame a cómo tratar a los demás con respeto. Amén.

¿Cómo puedes mostrar respeto a las personas que están contigo?

13 DE NOVIEMBRE

Para el bien

...sabemos que Dios dispone todas las cosas para el bien de quienes lo aman.

ROMANOS 8:28 NVI

Lucio observó a su padre hacer un cuenco con un trozo de arcilla. Sabía exactamente cómo hacerlo. Usó el torno de alfarero y moldeó la arcilla hasta que quedó perfecta.

Dios es como un alfarero, y tú eres como la arcilla. Él sabe exactamente qué hacer contigo. Puedes confiar en que Dios tiene cosas buenas reservadas para ti.

Querido Dios, ayúdame a confiar en que tú sabes lo que es mejor para mí. Amén.

¿Qué cosas buenas puedes ver en tu vida?

No tengas miedo

«Nunca te fallaré.
Jamás te abandonaré».
HEBREOS 13:5 NTV

Bruno tenía una mamá muy buena. Ella se encargaba de todo lo que él necesitaba. Nunca se preocupó por pasar hambre, ni por perderse ni por estar solo. Ella siempre estaba ahí para él.

De la misma manera, Dios es el mejor que cuida de ti. Él promete cuidarte. No debes tener miedo porque Dios es un buen Padre. Él siempre está ahí para ti.

Querido Dios, gracias por cuidar de mí. Amén.

¿Tienes hoy todo lo que necesitas?

Perdonado y olvidado

«Yo… borraré tus pecados».

ISAÍAS 43:25 NTV

Pito cometió un error en su tarea de matemáticas. Intentó borrarlo, pero por mucho que frotó, las marcas de lápiz seguían ahí. Todavía podía ver su error.

Los errores sencillos pueden ser difíciles de borrar, pero Dios elige olvidar tus errores. Cuando te perdona, ¡nunca más piensa en tu error! Desaparecen para siempre.

Querido Dios, gracias por perdonarme cuando cometo errores. Amén.

¿Hay algo que necesitas que Dios te perdone?

No presumas

Nunca te alabes a ti mismo,
deja que otros lo hagan.
PROVERBIOS 27:2 NTV

William presumía de lo bueno que era en los deportes. Siempre estaba dispuesto a hablar de sí mismo. Muy pronto, los demás niños dejaron de querer estar cerca de él.

Presumir puede dar una sensación de bienestar momentánea, pero hace que todos a tu alrededor se sientan mal. La Biblia dice que es mejor dejar que otro presuma de ti. En lugar de hablar de ti mismo, intenta animar a alguien más.

Querido Dios, ayúdame a no hablar siempre de mí mismo. Amén.

¿A quién puedes animar hoy con tus palabras?

A todos por igual

No deben tratar a unas personas mejor que a otras.

SANTIAGO 2:1 TLA

Manuel tenía un asiento libre a su lado en el autobús. Esperaba que alguno de sus compañeros de fútbol se sentara con él. Cuando otro chico le pidió sentarse, Manuel se negó. Trataba a sus compañeros como si fueran más importantes que los demás niños.

Nadie es más importante que nadie. Dios dice que debemos tratar a todos por igual.

Querido Dios, gracias por amar a todos por igual. Amén.

¿Tratas a los demás de la misma manera?

Padre bueno

«Su padre lo vio y tuvo compasión de él.
Salió corriendo a su encuentro
y le dio la bienvenida con besos y abrazos».

LUCAS 15:20 NTV

Clemente llegó a casa después de la escuela y corrió directo a su papá. Le contó todo sobre su mal día y cómo se había metido en problemas por ser grosero en clase. El papá de Clemente lo abrazó y oró por él. Se alegró de que Clemente le hubiera contado sobre su error.

Dios es un buen padre. Siempre está dispuesto a recibirte cuando cometes errores. No está enojado, ni es cruel.

Querido Dios, gracias por ser un padre bueno. Amén.

¿Cómo sabes que Dios es bueno contigo?

19 DE NOVIEMBRE

Tu escudo

Nosotros ponemos nuestra esperanza en el SEÑOR;
él es nuestra ayuda y nuestro escudo.
SALMOS 33:20 NTV

Andy y su hermano jugaban a ser caballeros. Corrían por el patio con espadas y escudos de madera. Cuando su hermano intentó golpearlo con su espada, Andy extendió su escudo. La espada golpeó el escudo en lugar de golpear a Andy.

La Biblia dice que Dios es como un escudo. Él te protege del enemigo y te mantiene a salvo.

Querido Dios, gracias por ser mi escudo. Amén.

¿De qué manera Dios ha sido tu escudo?

Ama la disciplina

Para aprender, hay que amar la disciplina.

PROVERBIOS 12:1 NTV

Maco estaba harto de que su entrenador de béisbol le dijera qué hacer. Ya no quería escuchar. Le dijo a su entrenador que lo dejara en paz. Pasó el resto del entrenamiento sentado en la banca.

Ser disciplinado significa estar dispuesto a aprender. Cuando no escuchas, demuestras que no quieres aprender. Esto no es bueno. En cambio, agradece la ayuda que recibes.

Querido Dios, gracias por las oportunidades que cada día trae para aprender. Amén.

¿Eres un chico disciplinado?

21 DE NOVIEMBRE

Los niños son importantes

«Dejen que los niños vengan a mí».

MATEO 19:14 NVI

Greg estaba frustrado. No podía quedarse despierto hasta tarde, ni hacer trucos en su patineta como su hermano mayor. No podía conducir como su papá. Empezó a sentir que no había nada divertido que pudiera hacer.

Hay muchas cosas que los niños no pueden hacer, pero eso no significa que sean menos importantes. Dios quiere que sepas que Él te ama muchísimo porque eres su hijo.

Querido Dios, gracias por hacerme sentir importante. Amén.

¿Sabes que eres importante para Dios?

Las palabras son poderosas

El que habla sin pensar hiere
como un cuchillo, pero el que habla
sabiamente sabe sanar la herida.

PROVERBIOS 12:18 TLA

Willy le dijo a su hermano que no le caía bien. Le dijo que no quería volver a jugar con él. Cuando Willy dijo eso, su hermano se echó a llorar.

Tus palabras importan. No hace falta pegarle a alguien para herirlo; tus palabras pueden causar el mismo daño. Ten cuidado con lo que le dices a la gente.

Querido Dios, ayúdame a usar mis palabras para hacer sentir bien a la gente. Amén.

¿Cómo podrías practicar usando palabras amables?

Ángeles al mando

Porque él dará orden a sus ángeles
para que te protejan a dondequiera que vayas.
SALMOS 91:11 NTV

Un comandante es la persona al mando de un ejército. Todos los soldados obedecen las órdenes del comandante. No importa cuán grande y fuerte sea el ejército, no se moverán a menos que su comandante se lo ordene.

Dios es el comandante del ejército celestial. Cuando sientas miedo, imagina que puedes ver a los ángeles que Dios ha enviado para rodearte. Estás más seguro de lo que crees.

Querido Dios, gracias por tu protección cuando siento miedo. Amén.

¿Cómo Dios te hace sentir seguro y protegido?

Dios ve todo

«Así sólo lo verá tu Padre, que está en lo secreto, y tu Padre que ve todo lo que se hace en secreto, te dará tu recompensa».

MATEO 6:18 NTV

Tony vio los libros de su hermana en el pasillo. Los recogió y los colocó cuidadosamente en su habitación. Ella pareció no darse cuenta. No le dio las gracias.

La gente no siempre ve lo que haces, pero aun así importa. Dios ve todo lo que haces. Aunque nadie más lo note, Dios sí lo ve.

Querido Dios, gracias porque siempre ves lo que otros no ven. Amén.

¿Puedes hacer algo bueno por alguien sin que lo note?

Ayuda al amanecer

Dios está en medio de esa ciudad y no será removida.
Al amanecer Dios la ayudará.

SALMOS 46:5 NTV

A Nelson le costaba mucho despertarse por las mañanas. A veces se sentía de mal humor. Tardaba en prepararse y no quería ir a la escuela.

¿Alguna vez has tenido una mañana así? Dios puede ayudarte cuando te preparas para el día. Cuando abras los ojos, pídele que te ayude a dar lo mejor de ti.

Querido Dios, gracias por estar conmigo aun cuando paso por malos momentos. Amén.

¿Cómo puedes comenzar bien tu día?

Dios está cerca

«Permanezcan en mí
y yo permaneceré en ustedes».
JUAN 15:4 NVI

Alvin se movió a la izquierda, y su sombra lo siguió. Se movió a la derecha, y su sombra continuó siguiéndolo. Por más rápido que corriera Alvin, o por más alto que saltara, no podía deshacerse de su sombra.

Cuando permaneces en Jesús, significa que te mantienes cerca de Él como una sombra. Puedes hacerlo orando, leyendo la Biblia y hablando de Dios con otras personas. Cuando te mantienes cerca de Dios, Él se mantendrá cerca de ti.

Querido Dios, quiero estar cerca de ti. Amén.

¿Cómo puedes estar cerca de Dios hoy?

27 DE NOVIEMBRE

Eres un regalo

Los hijos son un regalo del SEÑOR;
son una recompensa de su parte.
SALMOS 127:3 NTV

Alan sentía que estorbaba. Dondequiera que iba, sentía que molestaba. No se sentía querido. ¿Te has sentido así alguna vez?

Dios dice que los hijos son un regalo. Esto significa que eres especial. Es bueno recordar cuánto te aman.

Querido Dios, gracias por amarme. Amén.

¿A quiénes amas mucho que los consideras un regalo de Dios para ti?

Escucha a tus padres

Escucha a tu papá cuando te corrige
y no ignores lo que te enseña tu mamá.

PROVERBIOS 1:8 NTV

Daniel miró a su alrededor en la mesa a la hora de la cena. Estaba agradecido con sus padres. Hacían tanto por él y sabía que lo querían.

Escucha a tus padres. Hacen lo mejor que pueden para enseñarte. Sigue sus instrucciones. Esfuérzate por respetar lo que te dicen y recuerda sus enseñanzas.

Querido Dios, ayúdame a escuchar a mis padres y a aprender de ellos. Amén.

¿Qué lecciones te enseñan tus padres?

29 DE NOVIEMBRE

Tu verdadero hogar

Somos ciudadanos del cielo, y esperamos que de allí vuelva nuestro Salvador, el SEÑOR Jesucristo.

FILIPENSES 3:20-21 TLA

Isaac se mudaba mucho. Le costaba acostumbrarse a una casa nueva una y otra vez. Quería sentirse como en casa en algún lugar. Quería estar en un lugar que le resultara familiar y cómodo.

La Biblia dice que tu verdadero hogar está en el cielo. Un día, vivirás con Dios para siempre. Nunca tendrás que irte. Es emocionante pensar en ese día.

Querido Dios, gracias por hacer un hogar perfecto en el cielo para mí. Amén.

¿Cómo crees que sería tu verdadero hogar en el cielo?

Lo único que necesitas

El dinero no es seguro. En cambio, Dios nos da todo en abundancia para disfrutarlo.

1 TIMOTEO 6:17 NTV

Arlo recibió todo lo que quería para su cumpleaños. Unos días después, empezó a hacer su lista de Navidad. Incluso las cosas que tanto deseaba le parecían aburridas después de un tiempo. Ahora quería algo nuevo.

Incluso las cosas que realmente deseas no parecen maravillosas para siempre. Por eso, es mejor tener fe en Dios. Él te da lo que realmente necesitas y no solo lo que deseas. Sus dones son eternos.

Querido Dios, gracias por darme lo que necesito. Amén.

¿Por qué estás agradecido hoy?

¡Dios es inmensamente rico!
¡Su inteligencia y su conocimiento
son tan grandes que
no se pueden medir!

ROMANOS 11:33 TLA

Cuando Jesús vuelva

«Tampoco volverán a llorar, ni a lamentarse,
ni sentirán ningún dolor».

APOCALIPSIS 21:3-4 TLA

Al final del día, Cornelio corrió hacia su mamá. ¡La había extrañado! Estaba cansado y listo para irse a casa. Sin importar qué, siempre supo que su mamá volvería por él.

Un día, Jesús regresará. Si ver a tu mamá después de un largo día te hace sentir bien, imagina lo maravilloso que será ver a Jesús cuando regrese. Ya no habrá tristeza ni miedo. Él hará que todo sea perfecto.

Querido Jesús, me emociona pensar en el día en que volverás. Amén.

¿Cómo piensas que será el día en que Jesús regrese?

Sin errores

«Yo hice la tierra y a sus habitantes».

ISAÍAS 45:12 TLA

Dios hace cosas asombrosas. Él creó todo tipo de animales. Hizo el sol, la luna y los arcoíris. Creó flores hermosas y frutas deliciosas. Y te creó a ti.

Dios no se equivoca. Te creó tal como quería. Él piensa que eres maravilloso. Te creó con un propósito para un plan especial. ¡Eso es asombroso!

Querido Dios, gracias por la forma en que me creaste. ¡Muéstrame cómo me ves! Amén.

¿Sabes cuán maravilloso eres para Dios?

Sirve a otros

«Si alguno de ustedes quiere ser importante, tendrá que servir a los demás».

MATEO 20:26 TLA

Jesús es el mejor ejemplo a seguir. Él vino para mostrar cómo es el amor de Dios. Sanó a los enfermos, ayudó a los pobres, y dio de comer a los hambrientos. Sirvió a los demás.

Hay muchas maneras de servir. Puedes ayudar a tu hermano o tu hermana a recoger sus juguetes. Puedes ayudar a tu mamá a doblar la ropa. Puedes hacer que alguien nuevo se sienta bienvenido. Sigue el ejemplo que Jesús te dejó en la Biblia.

Querido Dios, por favor enséñame a servir a otros como Jesús lo hizo. Amén.

¿Cómo puedes servir hoy a alguien?

4 DE DICIEMBRE

Feliz en Jesús

Deléitate en el SEÑOR
y él te concederá los deseos de tu corazón.
SALMOS 37:4 NVI

Simón sentía que nunca conseguía lo que quería. Sus amigos parecían tener más cosas que él. Tenían los videojuegos más geniales, las mejores bicicletas y los juguetes más nuevos. Simón quería más.

No tienes que preocuparte por conseguir lo que quieres. Dios se asegurará de que tengas lo que necesitas. Cuando estás cerca de Él, tu corazón está feliz.

Querido Dios, gracias por todo lo que tengo. Amén.

¿Piensas demasiado en las cosas que no tienes?

Como hermanos y hermanas

Sigan amándose unos a otros como hermanos.

HEBREOS 13:1 NTV

Calvin no tenía una familia muy grande. Era hijo único. No sabía lo que era tener un hermano o una hermana, pero suponía que debía ser maravilloso.

Calvin sigue a Jesús, así que, aunque no tiene una familia numerosa en casa, tiene una gran familia de hermanos y hermanas en la iglesia. Todo aquel que ama a Dios forma parte de su familia.

Querido Dios, gracias por la familia de hermanos y hermanas que me has dado. Amén.

¿De qué manera amas a los demás como hermanos y hermanas?

6 DE DICIEMBRE

Hermosa creación

Dios nuestro, tú has hecho muchas cosas,
y todas las hiciste con sabiduría.

SALMOS 104:24 TLA

Kilo miró afuera antes de que nadie en su familia se despertara. Se sentó en su cama y contempló el amanecer. Era como una pintura en el cielo. ¡Era hermoso!

Cuando admires la belleza del mundo que te rodea, recuerda que Dios la creó. Habla con Dios y dale gracias por las cosas que más te gustan de la naturaleza.

Querido Dios, gracias por todo lo que creaste para mí. Amén.

¿Qué te gusta observar cuando estás al aire libre?

7 DE DICIEMBRE

El mérito es para Dios

Pero nosotros no somos capaces
de hacer algo por nosotros mismos;
es Dios quien nos da la capacidad de hacerlo.
2 CORINTIOS 3:5 TLA

Pepe ayudó a su papá a recoger las hojas todo el día. Su hermano solo ayudó unos minutos. Cuando su mamá llegó a casa más tarde, oyó a su hermano decir: «¡Yo ayudé a papá a recoger todas las hojas!». Su hermano se atribuyó el mérito de algo que no había hecho.

No es justo decir que hiciste algo cuando lo hizo otra persona. Esto también se aplica a Dios. Todo lo que tienes viene de Él; así que asegúrate de contárselo a los demás.

Querido Dios, gracias por todas las cosas que me has dado. Amén.

¿Le has dado gracias a Dios por la manera que te ha ayudado?

El día de Dios

Este es el día que hizo el SEÑOR;
nos gozaremos y alegraremos en él.
SALMOS 118:24 NTV

Wilson abrió los ojos y se levantó de la cama. Saludó a Dios y le dio las gracias por un nuevo día. Le pidió ayuda y le contó lo que más le gustaba de Él. A Wilson le gustaba empezar el día hablando con Dios.

Cuando te despiertas por la mañana, no sabes qué te depara el día. Solo Dios conoce los detalles. Al despertar, agradécele el regalo de un nuevo día.

Querido Dios, ¡gracias por el día de hoy! Amén.

¿Cómo deseas comenzar tu día?

Normas

«Y ahora, hijos míos, escúchenme,
pues todos los que siguen mis caminos son felices».

PROVERBIOS 8:32 NTV

Blanco estaba deseando crecer para no tener que seguir más reglas. Estaba harto de que le dijeran qué hacer. Creía que los adultos podían hacer lo que quisieran.

Incluso los adultos tienen normas que seguir. Dios sabe qué es lo mejor para ti. Él te muestra la mejor manera de vivir porque te ama muchísimo. Alégrate de seguir las normas de Dios. ¡Están ahí para tu bien!

Querido Dios, ayúdame a seguir las normas, aunque no quiera hacerlo. Amén.

¿Qué normas te resulta difícil seguir?

10 DE DICIEMBRE

Comparte lo que tienes

Reparte sus bienes, da a los pobres.
Nunca deja de hacer lo que es justo
y recibirá grandes honores.

SALMOS 112:9 NTV

Elías sabía que su mejor amigo estaba triste. Quería animarlo. Le sonrió, le dijo algo bonito y le ofreció elegir el próximo juego en el recreo.

Dios te creó para que compartas con otros. Puedes compartir comida, dinero, tiempo o incluso bondad. Siempre tienes algo que dar.

Querido Dios, ayúdame a compartir con los demás todos los días. Amén.

¿Qué puedes compartir hoy?

Llenos de amor

El amor no es envidioso.
No es presumido ni orgulloso.
1 Corintios 13:4 NTV

La abuela de Esteban vino de visita y le trajo muchos regalos. Al día siguiente, en la escuela, Esteban no paraba de hablar de todas las cosas nuevas y geniales que había recibido. No pensó en cómo eso podría hacer sentir a los demás niños.

Cuando presumes de lo que tienes, puedes hacer sentir mal a los demás. Dios dice que el amor no es presumido. En cambio, sé un buen amigo y comparte lo que tienes.

Querido Dios, gracias por todo lo que tengo. Amén.

¿De qué manera puedes compartir lo que tienes?

Tu don

Si tienes el don de mostrar bondad
a otros, hazlo con gusto.
ROMANOS 12:8 NTV

La hermana de José era muy buena dibujando. Su hermano siempre metía goles cuando jugaba al fútbol. José empezó a sentir que tal vez no era bueno en nada.

Cada persona es diferente. Puede que no sepas cuáles son tus dones, pero los irás descubriendo a medida que crezcas. Dios te ha dado algo especial para compartir con los demás.

Querido Dios, gracias por la forma en que me creaste. Amén.

¿En qué eres bueno?

Tu corazón

«La gente sólo presta atención al aspecto de las personas, pero el SEÑOR ve su corazón».

1 SAMUEL 16:7 NTV

Henry quería que sus amigos lo vieran como él. Intentaba vestirse y hablar como ellos. Quería caerles bien. Pensaba que si era como ellos, encajaría.

Un verdadero amigo te quiere por quien tú eres, no por tu ropa ni por lo que tienes. Dios mira tu corazón. Él ve quién eres y cómo te sientes.

Querido Dios, gracias por ver y amar a mi verdadero ser. Amén.

¿Sabes que Dios puede ver lo que hay en tu corazón?

14 DE DICIEMBRE

Vive en paz

Traten de vivir en paz con todo el mundo
y tengan una vida libre de pecado.

HEBREOS 12:14 NTV

Tomás corrió por la casa a toda prisa. No se fijaba por dónde iba. Tiró el proyecto de arte de su hermana y se rompió. Cuando ella lloró, él gritó: «¡Fue un accidente! ¡Cálmate!».

Tomás no intentó arreglar lo que había hecho mal. Dios quiere que vivas en paz. Parte de vivir en paz es pedir perdón rápidamente cuando te equivocas.

Querido Dios, ayúdame a pedir perdón rápidamente cuando me porto mal con alguien. Amén.

¿Hay alguien a quien necesitas pedirle perdón?

Descansa en Dios

Solo en Dios halla descanso mi alma;
de él viene mi salvación.
SALMOS 62:1 NVI

Tuno estaba cansado, pero no de la manera habitual. No era su cuerpo el que necesitaba descansar, sino su alma. Estaba triste. Tuno oró para que Dios le ayudara a encontrar paz interior.

A veces el corazón necesita descansar. Cuando necesites un respiro, acude a Dios. Su amor puede revitalizarte y prepararte para afrontar el día, incluso en la tristeza.

Querido Dios, gracias por darme el descanso que necesito. Amén.

¿Qué haces cuando necesitas descanso?

Su palabra permanece

«La hierba se seca y la flor se marchita,
pero la palabra de nuestro Dios permanece para siempre».
ISAÍAS 40:8 NVI

Oscar miró afuera. Todo estaba cubierto de nieve. Apenas unos meses antes, el césped estaba verde y su jardín rebosaba de flores. Ahora, todo eso había desaparecido. Había muerto con el invierno.

Nada en la tierra dura para siempre. La Palabra de Dios es lo único que jamás morirá. Todo lo que Dios ha dicho se cumplirá. Todas sus promesas son buenas y verdaderas para siempre.

Querido Dios, gracias por tus promesas que son para siempre. Amén.

¿Cuáles son tus promesas favoritas?

Mucha gracia

Alabamos a Dios por la abundante gracia
que derramó sobre nosotros,
los que pertenecemos a su Hijo amado.

EFESIOS 1:6 NTV

Lo que más amaba Abel en el mundo era su gata. La quería más que a nada. No le importaba que a veces lo arañara o que estuviera de mal humor. La amaba.

La gracia de Dios es así. La gracia es bondad que no se puede ganar. Es un regalo gratuito. No hay nada que puedas hacer para obtener más de la gracia de Dios. No es algo que puedas conseguir con tus esfuerzos. Simplemente tienes que confiar en Dios.

Querido Dios, gracias por tu gracia inmerecida. Amén.

¿Necesitas llenarte de la gracia de Dios?

Todo

Ya conocen la gracia de nuestro SEÑOR Jesucristo,
quien era rico y por causa de ustedes se hizo pobre,
para que mediante su pobreza
ustedes llegaran a ser ricos.

2 CORINTIOS 8:9 NVI

Landon sostenía la última galleta en la mano. Miró a su hermanito. Sabía que él también la quería. Landon no estaba seguro de si quería dársela a su hermano.

¿Alguna vez te ha costado renunciar a algo por otra persona? Jesús lo entregó todo para que pudieras conocer a Dios Padre. Dio su vida entera en sacrificio por ti.

Querido Jesús, gracias por todo lo que dejaste por mí. Amén.

¿Has renunciado a algo por alguien más?

Un Dios celoso

No adores a ningún otro dios,
porque el SEÑOR es muy celoso.
Su nombre es Dios celoso.
ÉXODO 34:14 NTV

Braulio estaba celoso porque su mamá no le prestaba atención. Ella estaba ocupada con el bebé recién nacido, y Braulio estaba molesto. ¡Quería que su mamá le hiciera caso!

La Biblia dice que Dios anhela estar contigo. Esto significa que desea estar cerca de ti. Quiere que lo elijas por encima de todo lo demás.

Querido Dios, gracias porque siempre quieres estar conmigo. Amén.

¿Sabías que Dios está celoso por ti?

20 DE DICIEMBRE

Imperfecta

No se salvaron a sí mismos,
su salvación fue un regalo de Dios.

EFESIOS 2:8 NTV

Kevin sacaba buenas notas en la escuela. Cuando reprobó un examen de matemáticas, se sintió mal. Sus padres le dijeron que lo querían igual sin importar su desempeño escolar.

Dios te ama igual siempre. No puedes hacer que te ame más por ser bueno. No puedes hacer que te ame menos por cometer un error.

Querido Dios, me alegra mucho que me ames igual pase lo que pase. Amén.

¿Cambia en algún momento el amor de Dios por ti?

El camino de Dios

No vivan según el modelo de este mundo. Mejor dejen que Dios transforme su vida con una nueva manera de pensar.

ROMANOS 12:2 NTV

Oscar caminaba por el bosque durante el viaje de campamento familiar. Había tantos senderos para explorar. No siempre estaba seguro de qué camino tomar, pero seguía a su familia por los senderos que ellos elegían.

A medida que crezcas, verás que hay muchos caminos que puedes elegir. Sabes que el mejor camino es el que sigue a Dios. Deja que Él te muestre qué camino tomar.

Querido Dios, ayúdame a seguir tu camino. Amén.

¿Cómo puedes seguir el camino de Dios hoy?

En espera de un rey

Dios nos ha dado un hijo.

ISAÍAS 9:6 TLA

Tobi esperaba con ansias su cumpleaños. Sabía exactamente cuándo sería, y aun así la espera se le hacía cuesta arriba. Contaba los días hasta que por fin llegó.

Esperar es difícil. El pueblo de Dios esperó a Jesús durante cientos y cientos de años. Los profetas dijeron que un rey vendría y los liberaría. ¿Te imaginas esperar tanto tiempo? Jesús fue el mayor regalo para el mundo. Valió la pena la espera.

Querido Dios, gracias por enviar a tu Hijo a la tierra. Amén.

¿Hay algo por lo que has esperado mucho tiempo?

Listo para compartir

Procuren también sobresalir en esta gracia de dar.

2 Corintios 8:7 NVI

Leo sabía que era uno de los pocos niños de su clase con un cuatriciclo. Podría haber presumido de él, pero en vez de eso, le encantaba invitar a sus amigos a casa para compartirlo. Era muy divertido disfrutarlo juntos.

Dios dice que debemos ser ricos en el don de dar. Esto significa que siempre debemos estar dispuestos a compartir.

Querido Dios, enséñame a dar a los demás y disfrutarlo. Amén.

¿Qué puedes dar?

El bebé rey

Al ver la estrella, sintieron muchísima alegría.
Cuando llegaron a la casa, vieron al niño con María,
su madre, y postrándose lo adoraron.

MATEO 2:10-11 NVI

Cristian entró en su nueva escuela. Encontró su aula y se acercó al escritorio del profesor para saludar. Al llegar, se sorprendió. ¡Sentado en el escritorio había un bebé! ¿Te imaginas buscar a un profesor y encontrarte con un niño?

Esto es exactamente lo que sucedió cuando nació Jesús. Todos esperaban a un rey. Pensaban que sería anciano, sabio y fuerte, listo para salvar el mundo. Nadie esperaba que Jesús viniera a la tierra como un bebé.

Querido Dios, gracias por enviar a Jesús de la manera perfecta. Amén.

¿Puedes confiar en los planes de Dios aunque parezcan diferentes?

En un establo

«Hoy en el pueblo del rey David, les ha nacido un Salvador, que es el Mesías, el SEÑOR».

LUCAS 2:11 NTV

William fue a visitar a su nueva hermana al hospital. Todo estaba impecable y reluciente. Había médicos y enfermeras en los pasillos, y todos recibían la mejor atención. Era lógico que un bebé naciera allí.

Jesús no nació en un hospital limpio. Nació en un establo con animales sucios y sin médicos. No era un lugar apropiado para el nacimiento de un bebé. Jesús dejó un lugar perfecto con su Padre en el cielo para nacer en un establo. Así de grande es su amor por ti.

Querido Dios, gracias por venir a la tierra de la manera que lo hiciste. Amén.

¿Te imaginas a un rey naciendo en un establo?

Palabras amables

El que ama la pureza del corazón y habla con gracia tendrá al rey como amigo.

PROVERBIOS 22:11 NTV

Lucas era amable con todos los que conocía. Siempre tenía algo agradable que decir. Hacía un nuevo amigo en cada lugar que visitaba. Lucas era el tipo de persona con la que a los demás les gustaba estar.

Las palabras que dices importan. Cuando dices cosas amables, puedes ayudar a que la gente se sienta querida. Pídele a Dios que te ayude a tener pensamientos amables y a elegir palabras amables.

Querido Dios, sé que mis palabras importan. Enséñame a pensar antes de hablar. Amén.

¿Con quién puedes hablar amablemente hoy?

Valora a los demás

Sean humildes y cada uno considere a los demás como más importantes que sí mismo.

FILIPENSES 2:3-4 NTV

Héctor sabía que debía cuidar de su hermanita. Quería hacerlo, pero le costaba. Ella hacía cosas que lo irritaban. Aunque lo molestaba, intentaba ser amable con ella.

No es fácil pensar en los demás antes que en uno mismo. Se necesita práctica. Cuanto más lo hagas, más fácil será.

Querido Dios, ayúdame a valorar a los demás. Amén.

¿Qué puedes hacer para que alguien se sienta valioso hoy?

Descansa en Dios

«Vengan a mí los que estén cansados y agobiados, que yo los haré descansar».

MATEO 11:28-30 NTV

Rubén tuvo un día largo. Tenía clases y luego entrenamiento de baloncesto. Después del entrenamiento, caminó hasta el coche con su papá. Se apoyó en su hombro. Su papá siempre estaba ahí cuando lo necesitaba.

Puedes acudir a Dios cuando tu corazón esté cansado. Puedes apoyarte en Él siempre que lo necesites. Él es el único que puede renovar tu espíritu.

Querido Dios, tú eres al que acudo cuando necesito descansar. Amén.

¿Necesitas descansar en Dios hoy?

Los tesoros del cielo

«Es mejor que amontonen riquezas en el cielo.
Allí nada se echa a perder».

MATEO 6:20 TLA

Cano tenía un peluche favorito. Lo tenía desde bebé. Era un perrito que siempre guardaba en su cama. Un día, entró en su habitación y lo vio mordisqueado en el suelo. El perro se lo había dañado, y Cano se puso muy triste.

Dios promete que hay tesoros en el cielo esperándote. Nada puede destruirlos. No se pueden perder ni arruinar.

Querido Dios, ayúdame a recordar que tus tesoros perduran para siempre. Amén.

¿Cuáles son tus tesoros más importantes?

Roca eterna

Confíen en el SEÑOR para siempre,
porque el SEÑOR, el SEÑOR mismo, es la Roca eterna.
ISAÍAS 26:4 NVI

Pedro estaba de excursión con su familia. Estaban escalando una montaña por primera vez juntos. La montaña era más alta que cualquier cosa que Pedro hubiera visto jamás. No podía imaginar que nada pudiera moverla.

¿Alguna vez te has parado sobre una roca enorme o has contemplado una montaña imponente? Dios es más fuerte que cualquier roca o montaña. Jamás se tambaleará ni se quebrará.

Querido Dios, sé que siempre puedo confiar en ti. Amén.

¿Qué puedes confiarle a Dios hoy?

Toma tiempo

Los planes bien pensados producen ganancias;
los apresurados traen pobreza.

PROVERBIOS 21:5 NVI

Siso tenía una tarea importante que hacer para su padre. Trabajó en ella todos los días. Si hubiera dejado todo el trabajo para el final, habría sido demasiado. Un poco de trabajo cada día ayuda a terminar una tarea.

Hoy termina el año y mañana comienza uno nuevo. Hay cosas emocionantes que hacer el próximo año. ¿Te esforzarás para lograrlas?

Querido Dios, ayúdame a trabajar fuerte cada día hasta que termine lo que me propuse hacer. Amén.

¿En qué trabajaste duro este año?

SARA PERRY

The Bible Reading Plan Devotional for Women

365 DAILY MEDITATIONS

BroadStreet
PUBLISHING

BroadStreet Publishing Group, LLC.
Savage, Minnesota, USA
Broadstreetpublishing.com

The Bible Reading Plan Devotional for Women

9781424571567
9781424571574 (eBook)

Devotional entries composed by Sara Perry.

Typesetting and design by Garborg Design Works | garborgdesign.com
Editorial services by Michelle Winger | literallyprecise.com

Printed in China.

26 27 28 29 30 31 32 7 6 5 4 3 2 1